光影中的法律与正义

周成／著

中国法制出版社
CHINA LEGAL PUBLISHING HOUSE

观影，给法律信仰腾出空间！

周成，一个在律师行业兢兢业业近20年的执业律师，他是一个有故事的人，也是一个看过并解决过许多别人恩怨故事的人。他说："读书、看剧、观影、旅游，每一个爱好都值得珍藏，每一次过往都成为永恒。玩儿要玩儿出水平，看要看出风格。阅读心灵，给信仰腾出空间。"单就其中的"观影"而言，他对无数精彩的法律影片都作出了独特而唯美，且富有个性的评论。

周成律师在《中国律师》杂志上开设法律影评专栏已经两年有余，他的每一篇影评读来都让人津津乐道。读他的文章你会发现，他的语言标新立异、与众不同，完全体现出带有他自己独特烙印的语言特色。很多时候，在将名词当做动词的使用中，他将文字的唯美推向极致。

仔细品读周成律师的每一篇影评，你会发现，原来影片中潜藏着如此多的哲理和名言。影评中，他的每一句话缓缓而来，不像葡萄酒那样引人入胜，更像一股甘泉，甘洌可口。

好看的皮囊千篇一律，有趣的灵魂万里挑一。周成律师的法律影评妙语连珠、意趣盎然。靠的是他执业二十年来坚持不懈地大量阅读和思考。他的文字在严肃中透着有趣，他让我们在观影中摆脱平庸，看的越多人生越精彩。对此，周成结合每一部法律影片给我们法律人提供了反思的机会和范本。他的每个感悟的背后都是长期办案和长期读书的积累。十年磨一剑，不是虚心岂得贤？

作为律师，不仅是懂得法律的专家，更是了解社会的杂家。律师其实也是一个高风险职业。从业以来，他不仅坚持自己的职业操守，也把从事律师事业当成一场生命的修行。从他平时阅读的书籍、观看的影片，不难看出他是多么热爱自己的职业和所修的专业！

他认为，要成为一名优秀的律师，必须具备深厚的法律知识功底、强大的逻辑分析能力、超凡的演讲辩论口才，还应具备悲天悯人的情怀、吃苦耐劳的精神、坚韧不拔的毅力、一往直前的勇气和敢于担当的责任感，而最最重要的是对法律的信仰与崇敬。这样才能做到傲骨芳华、不忘初心！

如果说有趣是他的性格，有情是他的底色，那么有义便是他的风骨。何为义？就是公正的、合宜的道理。作为一名律师，他显然更像是一个"读书人"。人们心目中的读书人要么能够尽己所学指点江山、报效国家和人民，要么能够激扬文字、点评时事，促进社会的进步。在这一点上，作为律师的他当仁不让。

窥一斑可见全豹！周律师对文字有一种特殊的情怀。在旁人玩罢看罢，常人只顾刷刷抖音发发朋友圈的时候，周律师却躲进小楼成一统，管他春夏与秋冬，一部影片，一杯清茶，一纸素笺，与文字为伴，寄情山水，在理想的世界里泛舟，书写着别样人生。

孤单往往是一个人的狂欢，而狂欢则是一群人的孤单。当我们驻足观望、侧耳聆听时，发现在过去和当下之间，充塞着记忆中挥之不去的瞬间，生活中比比皆是的碎片。蓦然回首，具有非凡思想的人，是不需要与别人拥挤在一块的。

就像余秋雨所说远方有多远，没人能告诉你，只有自己去寻找答案。从高处遥望，静心，清心，视野心境也更加开阔。与清风为伴，邀明月饮酒，周成律师也算真洒脱之人、真性情之人一个。做最真实的自己，仰不愧于天，俯不怍于地，不卑不亢，勿忘初心，努力奋斗，矢志不渝地坚守着自己的理想。

很多时候，我们给律师强加了更多的社会责任，背负"利用别人的不幸来给自己敛财"的骂名，透过周成律师的影评，我们可以看到，律师的使命之一就是要让依法本该无罪的人得以释放，还他们清白。唯有律师，永远不会将犯罪嫌疑人抛弃。

爱因斯坦说："提出一个问题，往往比解决一个问题更重要。"周成在每次观影后的提问都振聋发聩，让我们深思：律师到底应该是一个怎样的人？

或许这个时代，我们缺的不是大师，而是周成律师身上那一份对于文字和法律职业的执着与坚守，缺的是一份传递与热爱！

正因为这么多理由，我想这是一本一位中国律师对法律影片颇有深度的另类解读，值得推荐给所有喜爱法律电影的每一位，也期待着周成律师今后有更多的作品与大家分享。

《中国律师》杂志社总编辑　刘志军

电影,是法律人的一种情怀!

写书对我来说,只是对前段工作生活内容的一种总结和汇总,而"序"则是深入阅读的前奏。之前一直认为"序"的有无不影响书的意义,特别是"自序"。但在一次聚会时,我将自己的第一本散文集《掠过》送给一位文学院院长,院长开诚布公地说读书都是先看"序"和"后记",然后再决定看内容。突然发现,原来序有如此重要的作用。

2020庚子新年,注定了不平凡。新年伊始,寒风凛冽,新冠肺炎肆虐,一时间,全国上下家家户户闭门不出,春节假期破天荒地拉满至元宵节后,自由在恐惧面前难免受到了约束。

恐惧是人类生存的需要,它永恒存在于我们的DNA。很多时候,恐惧是必需的。车从身边快速擦过,没有恐惧,身体怎能迅速地躲避。我们会发现,恐惧的目的是保护我们远离危险,而不是去伤害我们。唯有保持恐惧感,才能更好地应对危险,乃至消除危险。

电影让我们成为窥视者,透过银幕我们一览无余。这种立体的上帝视角让我们可以站在真相的角落窥探潮起潮落，尤其对于法律影片而言，在法庭这个小天地，永远上演着深不可测的大事件。法律影片往往充满着现实主义的"狰狞"，让你在恐怖的同时，体会着身临其境的快感。一如影片《一级恐惧》的感叹：留白，才是生活最好的模样！很多时候你会发现，每一片善良的叶子背后，都布满了邪恶的纹路。

以法律经典为前提的互鉴，有效且必须。电影是一种仪式，是一场每秒24格的心理治疗。一如保罗·伯格曼所言："电影摄制者的技艺与律师——特别是法庭中的辩护人——擅用的手法并没有多大的差别。他们都要在非常有限的时间里，捕获到人性存在的蛛丝马迹，并引领着旁观者（无论是陪审团还是电影观众）以他们特定的视角来看待一段事情的经过。"

看电影，是一种爱好，更是一种情怀。往往一部影片，一段时光，让我们沉迷陶醉在最让人舒爽的瞬间。我们观影时和影片中观点的碰撞，只是为了感觉到彼此的真实存在。灯光熄灭，荧幕闪烁，人生翻开了新的篇章。

在观影中，每个人都将有所遇见，遇见那个似曾相识的自己。看一场影片，犹如站在上帝的视角来洞察一切，我们会发现那些影片中的人往往一错再错，急切地想上去阻止下一步的发展。一如我们的生活，没有倒车键，只有前进键，没有后悔药，人生没有如果。纵使有些影片给了我们反悔的机会，我们也会发现该发生的还是会发生。仿佛一切命中注定，仿佛一切徒劳无益。但是，命运就是一种抗争，一种永不妥协的争取，纵使前面万丈深渊也要纵身一跃，万一有飞的可能性呢？

"对一个人的不公就是对所有人的威胁。"本书围绕着公平正义这个主线，结合28部影片的内容，勾勒出律师应该是怎样的人，同时也从在律师的角度带领读者去正确看待和理解那些看似不可理喻的法律人生。

好的影片无论过了多久都是有温度的！这种温度是炙热的极致，和谐的高潮，它让我们在黑暗里看到了晨光，在阳光下看到了尘埃。律师如何兼顾正义和职业道德、职业伦理？从《林肯律师》到《律师事务所》，从《魔鬼代言人》到《伸张正义》再到《造雨人》，影片给我们带来了思考。我们的一切辛苦和忙碌，到底是为了什么？当我们那些所谓的欲望得到了暂时的满足，到底是更幸福了，还是更不幸福了？对于有些案件，我们困惑庭审怎么就成了一场说谎比赛，"一个接一个地无罪开释，直到把天堂瓦解为止。"

很多时候，我们会发现，职业道德的缺失，导致我们不知道从什么时候开始，仿佛利欲熏心成了唯一的追求，伸张正义和替坏人说话瞬间模糊了界限。我们陶醉在所谓的"胜利"中，享受这莫衷一是的"成功"，在鸦片般的意淫中堕落。一如影片《伸张正义》中亚瑟的愤怒："我们遇到难题了。我们只想胜诉，对真相和正义都置之不理，赢就是一切。"殊不知：胜诉不等于正义，虚荣却是人生的不归路。

我们必须清楚地认识到，法律实际是什么是一回事，而法律应当是什么则是另一回事。法律界虽然很现实，但我们依然要做一个身上有光的人。我们绝不能像影片《造雨人》中的警示：每个律师都会发现，时间长了，就会不自觉的越界。我们更应当解答《法官老爹》的疑问"明知自己的当事人有罪，你帮人脱罪会不会失眠？"因为，时间是每个人的十字架。

很多时候，仿佛一旦诉讼，是非曲直开始变得真假难辨，在实现公平正义的道路上仿佛处处充满了虚伪，唯有真相在不起眼的角落着急地掉眼泪，但探究真相却"让人害怕地喘不过气来，又好奇地不忍停下。"一如影片《无罪的罪人》告诉我们，真相的本来面目就是没有真相。

有些影片永远值得我们敬礼和深思，即使沉重的让人喘不过气来。有时候，正是因为电影强烈的视觉冲击力，往往比书籍更能直观地引发我们的深刻反思。一如尼采所言："当你凝视着深渊时，深渊也在凝视着你……"影片《推定有罪》一改传统印象，在注重内涵的写实中冲突着西方社会平民生活偶尔的无辜带来的毁灭性灾难。海明威早就提醒："所有人是一个整体，别人的不幸就是你的不幸。"还好，在遇到推定有罪的时候，我们庆幸有坚持不懈的辩护律师，才终于将冤情昭告天下。律师的存在表面上让我们在更难处罚坏人的同时，实质上也让我们更难冤枉好人。

如尼采所说："没有真相，只有诠释。"很多时候，你是个怎样的"人"，不需要"事实"；舆论判你"罪"，不需要"事实"。透过"嫌疑人"的外衣，人们看到的已经不是一个正常的人，看到的是罪行，是凶手，是有罪推定的自始至终。影片《大卫·戈尔的一生》用生命感慨着，无罪推定只是法律界的一种善意的形式逻辑而已，对于社会，其实早已定罪。

冯·李斯特说："刑法既是善良人的大宪章，也是犯罪人的大宪章。"几百年来，死刑存废之争一直经久不息，从《大卫·戈尔的一生》到《绿里奇迹》，心灵的救赎才是真正的救赎。当死亡成了一种奢望时，永生其实就是一种诅咒。

"从生活中抽身，来影片里思考。"影片《控方证人》的逆袭，让我们感慨人生也好，影片也罢，不到最后一刻永远不知道有多精彩！因为胜负就在每一个意外的瞬间。有时候纵使看起来释放了一些证据明显不足的"坏人"，纵使有人感叹"凶手往往就是那个最早从嫌疑犯名单中去掉的人。"但这就是司法的代价，是人性社会的基石，也是正义的根本所在。

律师没有原本的恶，也没有主持正义的能力，律师的权利只是委托人权利的延伸而已，律师只是被动地接受委托，把当事人的权利用到极致，确保在法律的框架下，实现当事人权益的最大化。很多时候，我们过分夸大了强加给律师的义务，拿着放大镜来挑刺。扪心自问，真没有必要用道德来绑架和强制，任何试图在律师和正义之间画等号的做法都是徒劳的。

"如果你在律师席上睡着的话，你醒来的第一句话就是我反对。"诉讼就是战争，影片《民事诉讼》中，老律师教科书式的经典总结，犀利出职业精神的斗志昂扬。"如今律师的最大毛病没有之一，就是自满。因自满输掉的案子比那些证据不足、证人无能和法官昏庸加起来还要多。"我们唯有持之以恒、谦虚谨慎、戒骄戒躁，有时候甚至需要服下"偏执"的药方，用坚韧不拔的励志案例，才能完胜出《永不妥协》的不二法则。

争议往往是电影卖座的前提。很多电影的伟大之处，在于否定的本身就是一种积极的肯定。

影片《死亡医生》让我们再次站在法律的视角，来思考死亡，思考如何尊严的死，这个需要终身思考的哲学命题。

我们终归要与家人和解，我们其实深爱彼此，只是需要时间学会表达与彼此谅解。因为终究有一场冒险，要独自上路。影片《因父之名》在让我们感慨父子情深的同时，也让我们看到，一旦公权力信马由缰，造成的罪恶和灾难，将会是怎样的触目惊心？一如轰隆隆驶过的列车，将个人蝼蚁般碾压，不留下一丝痕迹。

校园霸凌长期存在，从影片《胜利即正义》的分析可以看出，冷眼旁观的同学、表面关心装作视而不见的老师、维护教育繁荣与成果的学校和教育主管部门，所有的一切，都是霸凌的"共犯"。"不给学校以戒尺，就让监狱给手铐。"惩戒，是一种态度。无原则的保护，就是对恶行的纵容。

从《失控的陪审团》到《立体谎言》再到《审判终结》，我们会发现：生命不能承受之轻，没有什么捷径通向公平正义，公平正义本身就是捷径；一如没有什么路通向真诚，真诚本身就是路。诚如杜鲁门所言："世上唯一新鲜的事，就是不为人知的历史。"我们正在分析的法律问题都具有交互的社会特性，作为法律人，一定要耐得住寂寞，经得起诋毁。

"日中则昃，月满则亏。"影片《破绽》提醒"对一件事太过于执着的时候，就是你露出破绽的时候。"世上根本就没有完美，不完美才是真正的完美。只要看得足够仔细，就会发现每个东西都有弱点，迟早会露出破绽。无论谎言如何精致，到最后真相总还会追上。一如休尼特多次强调："正义可能会迟到，但从不会缺席。"

"你以为你以为的就是你以为的吗？"朱利安·巴吉尼一语道破影片《看不见的客人》的天机，很多时候我们和真相只差了一个拐角的距离，我们误以为生活本该一丝不苟、严丝合缝，本来就应该客观真实，回过头来才发现，其实"真实"只是无数误差和假象交织中的碰巧完美而已。"你担心什么，什么就能控制你。"说出真相，才是拯救的唯一出路。

阅读是静止的平面，可缓可急；观影则必须全神贯注，丝毫不能分神，没有回放的机会，纵使有机会回放，也失去了最初的念想。一如足球比赛，直播永远值得牵挂，回放则是无味的剩饭。从《克莱默夫妇》到《消失的爱人》，我们会发现人生如此，在虚无的面前，虚荣会显得多么虚弱。

文字需要堆砌，生活必须雕琢。我们追求正义，追求光明，法律人的生活不单单是仰望，更多的是登临和感悟。写写影评并不是表意，而是通过对法律影片的点点记录来表达对时间和法律人职业生命的尊重，以警示和反省那种庸庸碌碌、平平淡淡的浮光掠影。

回首窗外，阳光依然灿烂，纵使在即将西沉的黄昏。

周　成

于湖北襄阳

目录
CONTENTS

001 法律与道德的夹心层
　　——《林肯律师》的困境

007 "路西法效应"下的人性之恶
　　——假装正义揣在自己兜里

017 胜负在每一个意外的瞬间
　　——《控方证人》的逆袭

025 终究有一场冒险，要独自上路
　　——《因父之名》中生命的抗争与亲情

033 欲望，我们的困境！
　　——《魔鬼代言人》中律师的权利与边界

041 惩戒，是最温情的关怀！
　　——法律的功能在于指引

049 完胜的不二法则
　　——《永不妥协》中对法律信仰的坚守

- 057 抚养权的背面是阴天
  ——生活不会重来，这正是它美好的原因

- 065 越界总在消失前
  ——唯有初心不变，梦才会照进现实

- 073 留白，才是生活最好的模样
  ——《一级恐惧》中的人性与谎言

- 081 诉讼就是战争，就是这么简单
  ——《民事诉讼》中对环保案件真相追寻的坚持

- 089 观念的历险，为死的尊严而战
  ——《死亡医生》中安乐死的法律与道德的边界

- 097 真相的本来面目就是没有真相
  ——很多时候诉讼只是一连串诡计与设计

- 105 在职业道德困境的异端
  ——如何在正义与律师职业道德之间取舍

- 113 狐狸知道很多事情，但刺猬知道一件最重要的事
  ——你会看到美好，只要向着明亮那方

- 121 没有什么路通向真诚，真诚本身就是路
  ——没有捷径通向公平正义

- 129 世上唯一的新鲜事就是不为人知的历史
  ——法律必将被信仰，唯有它才会保障我们

- 137 在虚无的面前，虚荣会显得多么虚弱
  ——在不幸的婚姻里没有谁是无辜的

目 录

147 你若是离得足够近,便会发现任何事物都有破绽
——《破绽》中我们看到的真相,只是别人想让我们看到的真相

155 说出真相,才是拯救的唯一出路
——你以为你以为的就是你以为的吗?

165 心灵的救赎才是真正的救赎
——《绿里奇迹》让我们顿悟最深切的痛苦本身

175 生命不能承受之轻
——哪怕输了也是倒在正确的一方

185 时间,是每个人的十字架
——父子之间,空白也是一种色彩

195 审判历史就是对历史的背叛
——质疑是寻找真相的最好方法

205 面向阳光,你就看不见阴影
——《热泪伤痕》中家暴背后的压抑真相

213 彼此碰撞,只为了感觉到彼此的存在
——《撞车》里种族、人性的冲撞

223 在每一个即将结束的开始,坚定不移做自己
——每个人都可以选择如何走向死亡

233 不是生命没意义,是你没找到自己的意义
——《大卫·戈尔的一生》里死刑存废的信仰与追求

243 后 记

法律与道德的夹心层
——《林肯律师》的困境

从唯美和精神价值追求的视野解读影片，往往是一件赏心悦目的事。

霸气的林肯座驾上炫耀着"NTGUILTY"（无罪）的车牌，灿烂的阳光照耀在后排办公的哈勒身上，完美展现出"林肯律师"潇洒的当下。影片一开始就挑动无数闪烁其词的或然，挑衅出法律片应然的未知。

律师如何兼顾正义和职业道德、职业伦理？影片《林肯律师》给我们带来了思考。看似玩世不恭的主人公哈勒，有勇有谋，具备所有优秀律师的所有能力，他有自己的办案原则和处事风格，公是公，私是私，分得一清二楚。

但影片中"罗生门"般的讲述，疑惑出谎话坚毅的曾经。"哪一个才是真相"本身就是虚假的一部分，站在诡异的对面，合理地借用"下流"手法，或许也是正义永恒的不二法门。

对于有些案件，庭审就像是一场说谎比赛。面对斩钉截铁的话语，条分缕析出事实真相，关键在于保持耐心，静静等待机会。诚如霍姆斯所说："我们从事的是法律事业，而不是正义事业。"维护当事人利益最大化是律师实现正义的最佳途径，即使发现自己的当事人满口谎言，甚至恶贯满盈，但基于律师的职业道德，也必须利用一切有利条件和机会帮助当事人。用一切合法手段帮助当事人减少或免除惩罚，是律师最大的职业道德及法律要求。为当事人赴汤蹈火是一个执业律师的光荣所在。

每个人都有自己温暖的一面，每个人也有自己脆弱的一面，因为我们都是凡人。"如果有足够多的人像他，那么这个世界会是个安全的地方，不会变得太无趣而不值得居住。"好的影片无论过了多久都是有温度的。这种温度是炙热的极致，和谐的高潮，它让我们在黑暗中看到了晨光，在阳光下看到了尘埃。人们对于正义与良知的追寻，最终会让公平正义的防线越加牢固可靠。

"有合理报酬就有合理疑点""受不了罪就别犯罪，当然，付不起费更是一样"。世故圆滑，能言善辩，审时度势，不卑不亢，知道如何维护当事人的利益，如何合理合法挣到相对干净的钱，挣钱的欲望交织追求正义的车轮，勾勒出影片主人公"痞子正义"的侧面。

"干律师的，最怕遇到真正清白的当事人，因为一旦他们入狱，你的愧疚感会让你不能安心过日子。"所以，有一天，你发现经手的案子错判了，之前的当事人做了现在案件当事人的替罪羔羊，你会怎么做？

是的，不让无辜的人坐牢，是主人公内心深处扎根已久的信念。曾几何时，我们疑惑了区别好人和坏人的标准，看似好人无辜其实不是好人，看似坏人其实又有道德底线。我们很多时候总是戴着一副有色眼镜先入为主地判断和臆测，尚未了解便得出结论。不经意间使人跌入道德的深渊。

诚如大家所言：真正的刑辩律师，为有罪之人辩护，在道德上妥协，也是正常的事。接受委托后，律师必须用一切有利手段去保护委托人，使其免遭伤害，减少损失，尽可能得到安全。这是最高使命，不容有任何疑虑；不需顾忌这样做会给别人带来的惊慌和痛苦；这样做会招致的苛责以及它是否会使别人毁灭。

刑辩关乎人的生命、自由，充满了正义感，但理想主义与现实的冲突，压抑和挑衅着无数有志刑辩的底线。有时候"为了获得认同，我们牺牲了智商"。有时候角色和地位的失衡，仿佛若有若无。尼采说："我们飞得越高，我们在那些不能飞的人眼中的形象就越渺小。"何必在意呢？

律师代表的是一种身份，从"法律"到"道德"到"伦理"，提高职业修养和法律情怀，建立法律信仰，坚守底线，即使现实中尴尬的角色，也要本着"专业、纪律、担当"的执业要求，开创刑辩律师的明媚春天！

德肖维茨所说"人人都想得到的是胜诉，那个将胜诉的愿望掩盖起来的假象才叫正义"。构建一个真正意义上的法治社会："在那里，每个人不会再担忧法律会成为侵害自己权利的利器；

在那里，法律是惩奸除恶的公平之杖而非沦为权利斗争的玩物；在那里，人们对法律有的只是敬畏而不是失望和不安。"

如此，一切安好。

《林肯律师》剧照　布拉德·福尔曼执导　狮门影业、湖岸影片公司出品

影片速览

《林肯律师》讲述了绰号"林肯律师"的刑辩律师米奇·豪勒处理一桩强奸案的故事。他必须对两年前的罪案追查到底，却也必须尽到如今辩护律师的职责，可他根本没想到，这场危险重重的游戏，一旦开始，就将卷入难以控制的轨道。

"路西法效应"下的人性之恶
——假装正义揣在自己兜里

"路西法效应"下的人性之恶

有些影片永远值得我们敬礼和深思！即使沉重得让人喘不过气来。有时候，正是因为电影强烈的视觉冲击力，往往比书籍更能直观地引发我们的深刻反思。

传统的法国电影往往"主题晦涩，孤芳自赏"，《推定有罪》则一改传统印象，在注重内涵的写实中冲突着西方社会平民生活里的无辜带来的毁灭性灾难。

君特·格拉斯说："回忆就像剥洋葱，每剥掉一层都会露出一些早已忘却的事情。层层剥落间，泪湿衣襟。"影片一开始，随着阿兰·玛雷高的痛苦回忆，"令人难以置信的，不公正的，不人道"的21世纪的法国司法体系，就击倒了所有对西方法治有坚定信仰的观众。

影片讲述了阿兰·玛雷高夫妇半夜三更被从床上拉起，预审法官以涉嫌重大儿童性交易案的理由，单凭模糊的口供，就将阿兰等人送入监狱。影片以阿兰·玛雷高的视角入手，重现了这件法国司法史上真实的著名冤案，与法律朝夕相处的法警瞬间坠入地狱，灾难降临，家破人亡，支离破碎，在灿烂的向日葵下，透出皑皑白雪般的寒冷印记。

没有安全感、没有依靠、没有抗辩的机会，有的只是被编织好的罪犯的外衣。即使众所周知你被冤枉，该冤枉也就冤枉了，只要有污点的传言，终生就会有污点。人们不会因为你的污点消除了，就可以恢复原状。恢复原状只是一个法律名词而已。即使无罪释放，一切早已灰飞烟灭，却再也回不到从前。

西方的法治并非完善和健全，也存在冤假错案。一部完全匪夷所思的剧目瞬间颠倒了西方法治所谓人权保障的极致。这一被搬上银幕的法国真实案例，通过对"有罪推定"的深刻艺术思考，动摇和震撼了包括法国人在内的现代法治文明根基。《推定有罪》一再警醒，只要我们的司法人员有哪怕是一点点的偏见，就将会给嫌疑人带来一辈子难以挽回的灾难。我们就将生活在没有安全感的社会，惶惶不可终日。

用体制拷问，是一种道德审判，而完全埋怨体制，更是法律人逃避自我审视的托词。"死，或许是最好的解脱。活着，也许是最好的辩解。"面对阿兰·玛雷高多次绝食、自杀以示抗议，以消灭自我躯体来强化自我的冤屈，但在固若金汤的体制中起不到任何作用。从体态健壮到骨瘦如柴，先入为主固执的预审法官对此完全无视，尽管辩护律师提供了无数无罪的抗辩，即使控方证人取消恶意的诬陷口供，但顽固的司法当局依旧维持着错误的判决。

在电影中，直至若干年后，最高司法委员会才承认了公然疏忽，承办法官被严重谴责，被认为失职。上诉法院宣告阿兰·玛雷高等人无罪，但一切都已经毁灭殆尽，被冤屈者的巨大损失和痛苦已经无法挽回。司法的任性一如无法控制的车轮，司法人员诡异的角色错位，对人权随意的严重践踏，"有罪推定"之下透露出民众悲情，碾压过的一切已经无法恢复。

《推定有罪》剧照　樊尚·加朗格执导　阿布加多斯孔、贝卡·古奇公司出品

有罪推定能够长期存在并且能释放出强大的生命力是有其必然性的。司法人员的责任就是依法全面查清和准确证实犯罪事实，遗漏和放纵犯罪都是不可原谅的。但过分地强调所谓"绝不放过

一个坏人"的有罪推定作为一种社会现象，除了刑讯逼供这样"看得见的形式"外，往往隐藏在一些观念与制度的背后，并表现为一系列潜在的不易被察觉的规则或形式。"绝不冤枉一个好人"的无罪推定，需要反省的何止是无形的樊篱和人性的沉沦？

尼采说："当你凝视着深渊时，深渊也在凝视着你……"没有证据，冤屈的人们依然被关在监狱里直至腐烂。多么可怕，多么可悲。社会中的每个人都曾经卑微到尘埃里，每个人的成长都是在与过去的自己和解，与自卑和解，与不安和解。恍惚中仿若所言他指，梦醒时分爱悔兼之。每个人的心中都有一座囚牢，羁押的是不同的躯体"一些躯体变成一些灵魂，一些灵魂变成一些名字。"

如何让"路西法效应"在环境面前止步，要掌控的不仅仅是让人性发生变异的情境，权利的监控、合理的制度或许才是良好环境的缔造者。"好的制度可以让坏人变成好人，坏的制度可以让好人变成坏人。"

"推定有罪"本身就是对西方法治的一记响亮耳光。检控官习惯将自己看作正义的化身，相信自己能够胜任和公正地从事自己的工作，相信自己能够本于职责，专业、全面的考虑，对犯罪嫌疑人、被告人做出公正的决定。但世界上没有净土，没有绝对的公平和正义，即使是在看似法制健全的西方社会，一旦检控官的定位只是机构化确保法律制度的正常运转，被冤枉的"推定有罪"就注定是不可避免的。

早在1789年，法国大革命时期就颁布了《人权宣言》，其中第九条明确规定："所有人直到被宣告有罪之前，均应被推定为无罪，而即使判定逮捕系属必要者，一切羁押人犯身体而不必要的严酷手段，都应当受到法律的严厉制裁。"辉煌的"无罪推定"闪亮了全球。但历史往往喜欢开玩笑，某种时刻的倒退，寓意着巨婴症患者的悲哀。

杰克逊大法官说："所有压迫中最丑恶的，就是那些戴着正义面具而行罪恶之事者。"还好，在遇到推定有罪的时候，我们庆幸有坚持不懈的辩护律师，才终于将冤情昭告天下。律师的存在表面上让我们更难处罚坏人的同时，实质上也让我们更难冤枉好人。现代司法审判是一场事先讲定规则的拔河游戏，那若隐若现的公正，需要我们洞察一切的能力和坚韧不拔的品格。西方社会一个厉害的检控官可以让大陪审团"起诉一份火腿三明治"，他们常常假装正义揣在自己兜里，对方的裤兜里只有卑鄙。一旦固执己见，倒霉的除了当事人，还有岌岌可危的法治之基。

诚如所言：这部真实而强大的电影，没有虚张声势，所有基本的法律原则在这里都遭到嘲弄和颠倒。《推定有罪》试图呈现，在法国，一个生活得规规矩矩、从不向谁索求的个体如何一夜之间沦为阶下囚，如何从一个受人尊敬的体面男人沦为对儿童的强奸犯，以此引起观众的反思。"这是一个十分糟糕的教学案例，

> 已阅：光影中的法律与正义

当一个人被卷入司法案件中时，有罪推定是优先于其他一切权利的。可以说，在该案中，甚至不存在有罪推定，而是一上来就被断定有罪。"

原最高人民法院常务副院长沈德咏在《我们应当如何防范冤假错案》中呼吁："思想上要进一步强化防范冤假错案的意识，要像防范洪水猛兽一样来防范冤假错案，宁可错放，也不可错判。"[①]那些"亡者归来""真凶出现"等神奇的一幕，是给我们司法人员一记响亮的耳光，警醒的不仅仅是单独的个案，更重要的是那种"有罪推定"的想当然、肯定是。只有像防范洪水猛兽一样防范冤假错案，真正坚守无罪推定、疑罪从无，才有可能将每一起案件都真正办成"铁案"，司法也才能赢得公信和权威。

我们从来不缺梦想，缺的只是应对这个世俗社会的手段。但只有世俗地活着，才有不凡的未来！

从哪里开始并不重要，重要的是要往哪里去！

影片 速览

电影《推定有罪》当中，预审法官乌特尔以涉嫌重

---

① 沈德咏：《我们应当如何防范冤假错案》，载《人民法院报》2013年5月6日第2版。

大儿童性交易案的理由，下令逮捕了阿兰等十几位嫌疑人，但嫌疑人对此拒不认罪。此事令这些无辜的人瞬间坠入地狱，他们的人生和人际关系被这桩案件弄得支离破碎。影片以阿兰·玛雷高的视角入手，重现了这件法国司法史上著名的冤案，为观众展现了一个令人难以置信的、不公正的、不人道的司法体系。

胜负在每一个意外的瞬间
——《控方证人》的逆袭

"如果你觉得最近的影片情节太赞,只是因为还没往前翻翻看。"倘若一不小心翻到了黑白片,那可真是爱憎分明的开始。这不,法律人的相见恨晚,就从1957年的《控方证人》开始。

"时间是唯一没有野心的批评家",今朝的精彩早已在昨日重现!人生也好,影片也罢,不到最后一刻永远不知道有多精彩!

影片一开始就隐约出现"不对劲"的疑惑,却无从感知那一丝吹开真相的风。只有任凭摆布,在无数个表意的空档自以为是地妄下定论。

《控方证人》讲述了一位富婆死在了自己家里,女仆控告凶手是沃尔。沃尔极力辩解,却无法拿出证据证明在那个时段没有去过富婆家。唯一可以作证的只有他的妻子克里斯蒂娜。但这种有利害关系的证言,是无法说服陪审团的。陪审团不会相信一个深爱丈夫的妻子提供的不在场证明,不管她如何赌咒发誓说他是无辜的都没用。

因爱生智的妻子，故意反转成为控方证人，指控沃尔就是杀人犯。就在案件铁板钉钉的关键时刻，辩护律师出示了克里斯蒂娜欺骗和沃尔重婚的证据，证据表明克里斯蒂娜和沃尔在一起的同时，还多次写信给远在德国的情夫。于是，陪审团对其证言产生了怀疑，直至证言最后被推翻。殊不知这是克里斯蒂娜自导自演的一出戏。

她的演技拯救了自己的丈夫，正是建立在爱的基础上的反向思维的逆袭，才是把陪审团带入阴沟的厉害所在。本来力求公正的陪审团在瞬间被逆袭，凸显出感性认识和现场效果的冲动，在依法治国的当下，敲响了西方陪审制度也有漏洞的警钟。

女人疯狂的爱和坚强的牺牲，幻化出冷静、睿智和机敏，情愿违背法庭誓言、出卖灵魂、失去自由；情愿做伪证，牺牲自己的形象变成一个浪荡说谎的妇人，都阻碍不了她挽救杀人嫌疑犯丈夫的决心。

沃尔的无罪释放对于辩护律师来说是莫大的光荣。可当律师发现沃尔妻子克里斯蒂娜毫不惊讶的时候，才突然明白自己上了克里斯蒂娜的当。

好戏往往在后头。当观众以为剧情结束急于离场之时，这部

《控方证人》剧照　比利·怀尔德执导　爱德华·斯莫尔公司出品

电影里最大的反转开始了。于是，刹那成就了永恒。

当可怜的克里斯蒂娜终于可以拥抱无罪释放的沃尔时，沃尔却不留情面地背叛，当面拥抱情人准备远走高飞。至此，克里斯蒂娜和辩护律师才终于恍然大悟。即使克里斯蒂娜的演技再高超，即使辩护律师的水平再强，也无法拯救一个真正的杀人犯。于是，妻子所有的爱恨交织在一起，终于一刀了断了虚假的爱情。

"她杀了他。"护士说。

"不，她处决了他。"律师说。

影片中精彩紧张的庭审凸显出刑辩律师交叉询问中流光溢彩

的实力和有条不紊的张力。面对指控证据完整全面的境况，辩护律师还能够气定神闲、巧舌如簧，在严肃无比的庭审现场，还可以拿药片在桌子上玩起了拼图。可见，成熟而智慧的刑辩律师不单单将交叉询问玩弄于股掌之间，更多的是一种情不自禁对真相坚定不移的揭露和信心。

没有不知道，只有想不到。有时候百分之一的结尾颠覆了百分之九十九的叙述，从惊讶到反转，从狂欢到遗憾，从巅峰到谷底，目瞪口呆在瞬间抵达极致。

不论是表意的虚伪戏弄了庄严的法律，还是用肮脏的背叛亵渎了崇高的爱情。一切都自有定数，一切都皆有因缘。

影片中浪漫的邂逅隐藏着巨大的阴谋，爱情的谎言和陷阱只是随口而出的承诺罢了。无数的人只是带着一种迟钝的惊愕神情把自己的存在在人世间注册，在还没有回过神来的时候，已经撒手而去。

表面上看，正是法庭上这种对抗式的辩论，才使得才华横溢的辩护律师把"正义"变成了暧昧，穿上了虚伪的外衣，给恶者御寒，让真正的凶手逍遥法外。但绝不能以后面的所谓结果来要求和亵渎辩护律师那为了确保每一个无辜的人不被无端刑事追究的满腔热血。那是否就因此抨击这种最大概率可以确保无辜者不受法律追究的交叉询问制度呢？

诚然，任何健全的法律制度也只是力求确保每一个案件的公正。因为人类始终是有限而狭隘的。我们能够做到的只是尽量减少和避免绝不冤枉一个好人，纵使很多时候看起来释放了一些证据明显不足的"坏人"，纵使有人感叹"凶手往往就是那个最早从嫌疑犯名单中去掉的人"。但这就是司法的代价，是人性社会的基石，也是正义的根本所在。

影片情节的反转碰撞出角色感情肆意报复的快感，情理与法理在冲突中绝望。"不管真相多么丑陋，对于要找寻的人来说，它都是美丽而又新奇的。"当每一个充满正义感的辩护律师，发觉自己被一个真正的杀人犯所欺骗，而且还被他利用脱罪的时候，或许失望的不单单是遗憾，真正的法治是建立在表面上无数个逃脱惩罚、实际上"证据不足"的根基上。因为"正义的天平也许偶有偏差，但终将回归正义"。

尼采曾感叹："虚伪属于有强大信仰的时代。信誓旦旦而毫无罪恶感，撒谎而心安理得，是典型的现代特征。"以审美的人生态度反对伦理的人生态度和功利的人生态度，方是根本。

"从生活中抽身，来影片里思考。"这部悬疑剧与情节剧的双重范本，给我们留下的究竟是警示和提醒，还是对真挚爱情上升到法律正义的崇敬与呵护？

答案在辩护律师的抉择里，答案也在每个人的心里。因为顿悟就在每一个诧异的瞬间！

已阅：光影中的法律与正义

影片 速览

《控方证人》讲述了伦敦著名刑案辩护律师韦菲爵士办理的一起富婆凶杀案，凭借老道的经验，他帮与富婆关系密切、接受遗嘱的嫌疑犯沃尔洗脱罪责。但在扑朔迷离的案件背后，竟然隐藏着一个个环环相扣、不可告人的秘密。

终究有一场冒险,要独自上路
——《因父之名》中生命的抗争与亲情

冬去春来，怒放的玉兰花已经开败，凋零的花瓣不断散发出淡淡清香。一如深沉的父爱，在来不及陪伴喜悦的时节，带着哀愁和叹息，悲悯中透着一丝无奈，唯有意念中的残香永恒。

怜悯的假释总是来得太晚，一切都是应然中的或然。感人至深的《因父之名》让我们顿悟父亲的严苛、教条，以及不善表达之下的柔软内心。记忆的曾经早已风轻云淡，逃离的是安暖在记忆深处与父相处的流连时光。

"以我的死为你正名，现在该你为我正名。"我们终归要与家人和解，我们其实深爱彼此，只是需要时间学会表达与彼此谅解。父子之情的深沉，就在于匆忙离去时不由自主的"再见，老爸"。也在于流离失所时的一句"我很好"。更在于当父亲遗恨而去时，虔诚地在胸前画十字的模仿之举。生存的真相是冰冷而苍白的。因为在父爱里，真相往往根本不重要。

该片剧情凝重，情节感人，司法的不公、人性的阴暗，处处惊心动魄、直指人心、催人泪下，极具历史感和震慑力。无与伦比的表演，感同身受的体验，在每一个动作和眼神的张弛之间，在每一帧精妙画面的转换之间。

影片以爱尔兰共和军和英国当年的暴力对抗为背景，将英国现代史上最臭名昭著的真实事件公之于众。爱尔兰小伙被英国警察诬陷为恐怖分子，以要挟其父亲的名义被迫其承认是爆炸案共犯，被判无期徒刑。

主人公浓浓的爱尔兰口音，凸显出根深蒂固的卑微过往，衬托出大不列颠虚伪的高傲。在父亲眼中，儿子永远是长不大的浑小子，他的倔强，透着自己的基因；他的使坏，透着自己的根本；他的自以为是，压根儿就是父亲的拷贝重现，错也错得如此美丽。

从1974年到1989年，15年的监禁，足以让任何无罪的人发狂。每一个真凶归来的同时，堕落出冤魂不灭的悲情。人性之恶在每一个矫枉过正的瞬间闪现。超长刑拘，刑讯逼供，编造伪证，隐匿不利证据，甚至当真凶坦白后仍固执己见。如此之状况竟发生在西方法治昌盛的英国，让所有人大跌眼镜。不可逆转的除了受害者那一去不复返的青春岁月外，还有无法修复的精神创伤，在不经意间伤害个人的同时，切割出社会每一个伤痛的爆发点。

一旦公权力信马由缰，造成的罪恶和灾难，将会是怎样的触目惊心？一如轰隆隆驶过的列车，将个人如蝼蚁般碾轧，不留一丝痕迹。当刑讯逼供遇见敏感的政治，瞬间的非理智成了爱国的标志和典型，即使偶尔的违反人权，即使突然的血脉贲张，也陡然成了正义和人民的代名词。一旦有人反驳（甚至包括法官），即被戴上人民公敌的帽子，于是乎，审判成了一种形式，在瞬间堕落回原始。

民意是飘忽的乌合之众，"当真相在穿鞋的时候，谎言已经跑遍了全城"。他们的善良，透着莫须有的情绪化，15年前他们叫嚣着要把他吊死，15年后为他的无罪释放喝彩。时光中，美好的遗憾早已被风干。"杰瑞唯一的罪就是生为爱尔兰人！"

有一种深情叫父子连心；有一种真爱是父爱如山。有些事情，当我们年轻的时候，无法懂得。当我们懂得的时候，已不再年轻。世界上有些东西可以弥补，有些东西永远无法弥补。

冰心说："父爱是沉默的，如果你能感觉得到那就不是父爱了。"他无须时时提醒儿子，外面的世界有多危险，或者如母亲般滔滔不绝地抱怨儿子曾给他添了多少麻烦，让儿子充满负疚；他更不会在儿子面前轻而易举地替他解决所有困难，让孩子心生崇拜，转而自疑。因为他知道："终究有一场冒险，要独自上路。"

我爱父亲，在每一个瞧不起的仇恨瞬间；我爱父亲，在每一个低调的沉默时间；我爱父亲，在无数个梦中的链接时刻；我爱父亲，在离家后悔不当初的记忆巅峰；我爱父亲，一如火山爆发的迅猛，更超恋爱时的激情。只有经历悲痛之后，我们才能真正理解父亲，才能真正学会如何相处。

　　当影片中父亲在狱中去世后，狱友那动情的眼泪随着狱窗外一团团点燃的纸片飘落，恍若孔明灯般在黑夜中透着深沉和低调，感动充盈了整个画面。以父之名的抗争，在瞬间升华。

《因父之名》剧照　吉姆·谢里丹执导　环球影业出品

　　很多时候，我们往往会用生命来注脚，注脚那些注定无法挽回的颓势，在泯灭的灵魂里歌唱每一个忧伤的音符。人性在卑鄙中堕落。"刑讯，恐吓，宽抚，诱供"，一旦法庭被民意控制，民愤就成了最基本的判案标准，证据的合法已经成了其次。

　　好在有律师存在，即使微不足道，也足以刺破黑夜。偶然发现的"不得给辩护律师看"的证据，终于瓦解了虚假的指控和颠倒是非的判决。然而，代价巨大。10个无辜的人15年在监狱中度过，两个家庭15年生活在悲惨当中，还有一个慈祥、坚毅的父亲的生命。

海明威早就提醒："所有人是一个整体，别人的不幸就是你的不幸。"迟来的正义不等于真正的正义。一个所谓比较公正的结局，反推出光明的存世，折射出过程太过黑暗的悲催。

"对一个人的不公就是对所有人的威胁。"唯有善良和坚持，才是真正的不二法门。

《因父之名》剧照　吉姆·谢里丹执导　环球影业出品

影片 速览

电影《因父之名》中，从北爱尔兰逃往英国的盖瑞·康伦被警察诬陷为罪犯并被判无期徒刑。爱子心切的父亲为救儿子，也被关入监狱。直到多年之后，一位女律师开始从头调查这件极其荒谬的冤案，揭发出这可耻的一段司法黑幕，最终证明了盖瑞·康伦的清白，也为病死狱中的父亲洗刷了污名。

欲望,我们的困境!
——《魔鬼代言人》中律师的权利与边界

四月的艳阳，故意散发着耀眼的光芒，在春光中充斥着盛夏的激情。

为权贵者辩护、帮邪恶者脱罪，很多时候一不小心就成了众矢之的。从"正义守护神"到"魔鬼代言人"，善念往往就在一瞬间。

影片《魔鬼代言人》通过对律师原罪的探讨，讲述了一个始终保持不败纪录的年轻律师Kevin，娇妻相伴，事业有成。意外受到著名事务所的邀请，至纽约发展。一切顺畅与如意，成功始终伴随。当一个又一个的嫌疑人明知有罪却在他的辩护下无罪开释时，他终于明白，良知与正义早已远离，上帝与撒旦一线之隔。好在是梦一场，梦醒后一切都可以重来，幡然醒悟，回归正义。

自古人类的欲望无休无止、永不满足。无数的哲学家一直追问：我们的一切辛苦和忙碌，到底是为了什么？当我们那些所谓的欲望得到了暂时的满足，到底是更幸福了，还是更不幸福了？

或许人言各异，答案自在心中。

我们经常错把每一次欲望的当下，塑造出努力进取的影像，虚伪成前进的动力，把暗藏于人性深处的虚荣本质，当作奋斗的前提。

诚然，我们每一位律师都渴望成名，帅气的Kevin当然在列。64场的连胜，创造出骄人的战绩。"一个接一个地无罪开释，直到把天堂瓦解为止。"我们陶醉在所谓的"胜利"中，享受这莫衷一是的"成功"，在鸦片般的意淫中堕落。

亨利·布劳斯早在1820年就总结："律师出于对委托人的神圣职责，只要受理该案就只对他一个人负责。他须用一切有利手段去保护委托人，使他免遭伤害，减少损失，尽可能得到安全。这是他的最高使命，不容有任何疑虑；他不需要顾忌这样做会给别人带来的惊慌和痛苦。"但扪心自问，我们在接受委托后，是否真正维护了当事人的利益？是否践行了正义？那些喊着"委托人利益至上"的虚伪口号，干着有违正义勾当的异类，到底是促进了法治的进步，还是丰富了虚伪的内涵？

律者，律于人，律于己也；师者，做之表，做之率也。但很多时候，我们恍惚间丧失了起码的"律""师"之道。突然间，我们是天使，也是魔鬼。我们在正义和利益之间徘徊，我们在冲突之间苦苦追问。我们掷骰子般选择，在玩世不恭中走向没落。

欲望是人性的麻醉剂，要么走向黑暗，要么结束生命。影片借用宗教的暗喻将一切悄然透视。揭开人性本来的面纱，露出欲望真实的脸庞。

上帝要你毁灭，必先使你疯狂。很多时候，我们的视野中只有欲望，我们的道路似乎只有一条。"你知道我怕什么？我怕我退出生意，她又没事了，然后我怨恨她，我不想怨恨她。所以我要赢！"Kevin这种对待妻子的态度，我们都没有资格抨击和奚落，因为我们无一不是。我们日复一日地醉生梦死，年复一年的和亲情越来越远，唯有虚妄的自我如影随形。

诚如所言："自负是全人类的鸦片，自私是人性的麻醉剂。"很多时候"你并非不爱你的妻子，只是你更爱的另有其人，那就是你自己"。当面对亲情和欲望的较量，我们每一次表面上痛苦的舍弃，结束后依然是虚荣诱惑的重新开始。

"法学用权利来解构道德，历史用野心来解构高尚。"真相、诚信、责任、品质、正直、公义、良知、诱惑。真正的正义在哪里？我们经常找无数个理由来搪塞正义，时常强调律师的情非得已。夜深人静时扪心自问，当正义与当事人利益冲突，我们是否也会如影片中的Kevin一样违背正义而追求胜诉？在每一个犹豫回答的当下，其实都隐藏着内心确信的答案。

我们常说：德行是成功的孪生子。踌躇满志也好，跃跃欲试也罢，没有好的德行，成功只是失败的开始而已。我们律师的职业价值究竟是什么？律师存在的意义到底是什么？亚当·斯密说："我们把自己的健康托付给医生，把名誉、财富乃至生命托付给律师。"毋庸置疑，律师的职业价值绝不是商品价值，更重要的在于社会价值。作为新时代职业伦理至上的律师群体，如何树立正确的精神追求和实践品格？如何在这个浮华尘世中坚守自己的阵地？或许只有把责任担当变成真正的执业习惯和生活方式，真正认清律师的权利与边界所在，才是不二法门。

上帝选择天堂，魔鬼选择人间，人生就是不断地选择。影片是写实与魔幻的糅合，世俗和隐喻的交织，在"诱惑"中，潜移出对律师本质的反思与启发，颠倒出天使与魔鬼混血的当下。

尼采说："我们每个人其实都是生活在自己打造的监狱里，这个监狱的围墙就是我们视线的尽头。"影片一直在深刻撕裂我们丑陋的内在："自由的意义就是永远不要说抱歉。"当我们突破视线的尽头，猛然醒悟后发现，实现所谓的自由，其实才是最大的不自由。

FREE WILL，意志自由！善恶就在一念之间。或许，我们最大的自由就是有能力不去做某些事。选择NO往往比选择YES，需要更大的勇气和决心，也需要更大的智慧。如何选择，都是本真自我的投射；选择什么，失之毫厘，谬以千里；每次选择，也都是希望和失望的临界点。一如桑塔亚那所言："那些不能铭记过去的人注定要重蹈覆辙。"因为历史是由无数的重复所构建。

斯拉沃热·齐泽克说："存在的对立不是非存在，而是坚持存在。它本身并不存在，然而它继续坚持存在。"很多时候我们心中贪求什么，"魔鬼"就会用什么来诱惑。魔鬼的目标就是要让我们回到原来的境况中，把你从胜利的巅峰拉入地狱的入口。因此，一旦幡然醒悟，觉醒后尝试着要从心理障碍中解脱出来，要进入心灵更高境界的时候，"魔鬼"最容易出现。但魔鬼只负责引诱，选择由你做出。

影片在表意的叙述中借用宗教和反喻提示着："骄傲在败坏以先，狂心在跌倒之前。"善变、贪婪、健忘的我们，往往选择跳入深渊，骄傲着走向毁灭。

卡耐基曾感慨，一个人最大的工作，就是去动物化。而动物化的本质就是对欲望赤裸裸的追寻。其实更多的时候，幸福就是欲望的暂时停止。

最有契约意识的撒旦，时刻警醒着真正犯下罪行的，从来不是魔鬼，而是我们自己，是我们自己的欲望和贪婪。

胜诉不等于正义。虚荣，却是人生的不归路。一如影片结尾所言：

"虚荣，我最爱的原罪。"

"凯文，这就是人性。"

已阅：光影中的法律与正义

《魔鬼代言人》剧照　泰勒·海克福德执导　新摄政、华纳兄弟等出品

影片速览

电影《魔鬼代言人》中，常胜不败的年轻律师凯文娇妻相伴、事业有成，幸运接到纽约著名事务所的邀请，老板米尔顿对凯文非常赏识，不断地委以重任，一切似乎都昭示着坦途与光明。面临各方面的诱惑，凯文渐渐迷失，直到失常的妻子自刎，才猛然意识到身边的危机。他愤怒地指责米尔顿给他设下陷阱，但究竟是魔鬼的诱惑还是自己内心的虚荣将凯文引向深渊？自由意志下凯文又会做出怎样的抉择？

惩戒,是最温情的关怀!
——法律的功能在于指引

"风烟俱净,天山共色。"激情的初夏时节,澄澈地充满了变幻。一如冲动的青年,匆忙开始又匆忙结束。有些事,看起来无聊,当事者却浑然不知,即使表意的错误,也在懒得解释的现状下,距真相越滑越远。最终,在误解中相互敌视,在敌视中加深误解。

电影是生活的一部分,看惯了欧美大片,我们把目光投向日本,捋一捋这个东方之国独特的法律视角。日本影片《胜利即是正义》讲述了古美门代理跳楼的受害学生,放弃对霸凌学生的诉讼,单独起诉学校,获得巨额赔偿的故事。影片通过对校园霸凌的深层次揭露,提醒着暴力冷处理是对暴力的纵容,而所有人的冷处理叠加在一起,就是血淋淋的谋杀。

"如百卉之萌动,如利刃之新发于硎。"青年的每一笔肆意挥毫,都注定了无法抹去的冲动墨底。青春的美好和噩梦在校园的每一个角落弥漫。

坏人越坏,电影越好卖。不算坏的主角古美门,始终带着夸张卖萌的表情和动作。自私、贪婪、刻薄、好色,为了胜诉不择手段。法律和喜剧的对冲，严肃出客观风趣的统一。口吐莲花的歪理邪说，耸人听闻的恶意辩护，甘愿被拘留的冒险，反衬出无往不胜的潜在内涵。

熟悉的配方，却没有想象的味道。即使如周星驰无厘头般的夸张，也能在喜剧的色彩中反思社会、揭露人性。遭人唾弃的常胜将军古美门，不仅知其然，更知其所以然，在每一个貌似狡辩获胜的背后，都有着细致调查和深入分析，有着他对人性的洞察和对法律的另类解读。

当小牧不堪受辱地从楼上跳下去之后，既有家长夸大式的叙述，也有校方"大事化小，小事化了"的维稳。我们在"以和为贵"的东方传统教育和文化中，条件反射般浸淫在对暴力冷处理的当下。

校园霸凌的案子不胜枚举，一如影片所言：霸凌一直存在，也从来没有杜绝。即便是孩子，当他拿起屠刀，便不再是孩子！影片中小牧长期遭受同学群体性的霸凌，在这期间冷眼旁观的同学、表面关心装作视而不见的老师、维护教育繁荣与成果的学校和教育主管部门，所有的一切，都是霸凌的"共犯"。

很多时候，我们刻意地分不清"校园霸凌"与"玩笑"的边界在哪里。往往戴着"玩笑"的有色眼镜来看待那些实质上的"霸凌"行为。故意模糊和切割掉那些刻意忘却的重要情节，在仁义道德前，虚构出"众望所归"的假象。

很多时候，追求绝对的公正只能陷入完美主义的泥潭而不能自拔；追逐程序的正确又可能沦为魔鬼代言人的自我麻痹。任何法律事实的努力，都是挣扎着迈向客观事实。

很多时候，"对不起"这三个字的确抚慰了受伤的心，但以此来试图减轻霸凌者的愧疚和自责，甚至试图就此免予惩戒与刑罚，那就未免给了"对不起"太多扩大化的解释和寓意。

很多时候，黑暗依然笼罩校园，正义并未得到伸张。以暴制暴不会让暴力消失，但一味地强调以德报怨，又何以报德呢？

很多时候，霸凌的人性之恶，折射出家长的溺爱无度和教育虚伪的本质，人性本善的光辉在温和的校园中凋零。

很多时候，正义需要看似邪恶的帮衬，才更显得高贵。现实中的维护正义往往势单力薄，只有那些勇往直前，讲求章法且具备能力的勇士，才可以实现完全的正义。

影片中黛真子身上具有古美门所丢失的正义感，古美门却拥有为黛真子寻求所谓正义的能力。这一对看似矛盾的搭档，却有着一种默契的互补与协调。

"我们不是神，不可能知道真相"，但"技艺不堪的合唱指挥者的指挥棒却是因下面的演奏者而指挥起舞"。持续在败诉路上艰难前行的黛真子，突然间顿悟。

从窗外递进的纸条，意外打破了同学们人人自保、群体安全的沉默氛围，真相在瞬间得以显现。受人爱戴的班主任，沉默是金的同学们，眨眼间悉数倒戈，站在证人席上排山倒海般将校方的辩解击破。

孔子说，不教而杀谓之虐。当教化成了虚妄，理性就成了空中楼阁。社会往往就是如此的残酷，"不给学校以戒尺，就让监狱给手铐"。我们刻意回避的当下，需要的是猛然惊醒之后的悬崖勒马，而非唯考分至上。

"法律不登台，魔鬼不退场。"更多的时候，需要法律站在台前，钟馗般将魔鬼悉数收纳。法律的功能在于通过惩戒和震慑，达到指引和教育之目的，严厉的惩戒或许才是真正减少霸凌的不二法则。

惩戒，是一种态度。无原则的保护，就是对恶行的纵容。犯错后的惩戒，才是最温情的关怀。即使惩戒恶人看起来无法杜绝恶的延续，但错了就是错了，承担后果不仅是对受欺凌的孩子负责，更是对做错事的霸凌孩子负责。

"礼俗社会靠教化，法治社会靠律法。"解决校园霸凌，绝不单单是一个道德问题，需要文化和法制的双重再造。

塞缪尔·约翰逊说：通往地狱之路，通常由善意铺就。人生很多的美好都是过时不候，错过了美好，留下的只有灰暗。当学

惩戒，是最温情的关怀！

校只教不育，当社会暴虐无道，那些表面的善意就成了道德沦丧的外衣，霸凌的出现就成了无法避免的现实。

只有家庭和学校对孩子进行真正的德育教育，进行正确的价值观引导，才能从根本上让孩子认识到暴力可耻，施暴者必遭到严厉惩罚的后果，校园霸凌的消除才能指日可待。

《胜利即是正义SP》剧照　石川淳一/城宝秀则执导

影片速览

《胜利即是正义SP》中，日本兔之丘中学一名男生坠楼摔成重伤，男孩的母亲坚信儿子在校受到了霸凌，是被其他男孩推下楼的。对此家长与校方意见不一。至

> 今仍在古美门律师事务所内服役还债的黛真子持续在败诉的路上艰难前行,突然面对校方委托的60岁高龄一次性通过司法考试的新人律师,加上心惊肉跳的新人法官,古美门的不败纪录能否继续?

完胜的不二法则
——《永不妥协》中对法律信仰的坚守

完胜的不二法则

春逝夏至，洁白的栀子花在芬芳的六月之夜散发出淡淡的清香，池塘里的尖尖小荷，展现出夏季生机盎然的旺盛生命。偶有风起，水面皱起鱼鳞的锦。

一如空谷幽兰，或许墙角青苔，不起眼的角落，虚幻出最奢侈的细节，在迷惘中忘却生命的本真。惬意不是生活的本来面目，掀开不舒服的当下，才能发现生活的本真。

当励志遇见法律，碰撞出的火花注定耀眼而绚烂。影片《永不妥协》用一则坚韧不拔的励志案例，完胜出办理环境污染案件永不妥协的不二法则。

我们都曾经心怀天下，不小心都活成了自己曾经不屑的模样。我们每天机器般低头办案，忘却了抬头眺望。小草绿了，树叶黄了，天空暗了，湖泊灰了，我们毫无察觉，视而不见。我们的得过且过，我们的随遇而安，我们的一通百通，看起来都是如此的不堪一击，逃避成了安逸的借口，忙碌成了虚伪的理由。

殊不知那种自以为是的"不知变通"，才是坚持原则的真正底色。真正的固执己见，是美德还是劣根，往往取决于一个人的立场和站位，这种表意的俗套和呆板，其实才是最根本的原则。

有态度的生活方式需要有温度的思考。环境侵权与工业发展如影随形，这种"以污染换发展""边污染边发展"的方式，让每一个国家的工业化发展，都复制出血淋淋的代价。

《永不妥协》剧照　史蒂文·索德伯格执导　环球影业出品

影片中的环境受害人，有的不孕不育，有的子宫切除，有的高位截瘫。大量的原告和多样化的损害情形以及地域分布的广泛性，使得环境侵权损害赔偿诉讼非常复杂，调查取证非常困难。唯有对法律的坚定信仰和依赖，以及锲而不舍的努力和决不放弃的恒心，才是取胜的根本。

成功的律师，不但要有巧舌如簧的辩驳功夫，还要有见微知著的洞察力和庭外调查收集证据的能力。影片中的艾琳可谓煞费苦心，冒着酷暑到臭水沟采集污水样本，到河里捞中毒死去的青蛙，只身前往水利委员会收集与排污企业相关的数据，接到不明恐吓电话等。正是艾琳用无比坚韧的毅力，克服了难以想象的困难，以永不妥协的勇气和毅力赢得了美国有史以来最大的民事赔偿案。

很多时候"偏执"是一剂良药，即使艾琳对法律一知半解，她坚韧不服输的性格，她的坚持和认真，她的善良和怜悯，她的真诚和直率，她的毅力和责任感，她的全力以赴，她的永不妥协、不畏强权，这些痕迹外露的"偏执"，终于让她赢得尊重，走向成功。

有抱负、强奋斗；有理想、勤思考；有情怀、知感恩；有追求、善学习。每一位有为的执业律师理当如此。理应有高度的责任心、社会良知和历史使命感。很多时候，律师之于我们，不仅仅是一种职业，更是一项事业。

纵使我们必须向现实妥协、与历史和解；纵使命运透了风，时间交了底；纵使个人的抗争像划过水面的小船，巨浪过后荡然无存，也都要保持清醒的头脑，了解我们的使命和责任。很多时候，环境污染一旦变得糟糕起来，绝无独善其身的机会，谁都逃不掉。

勇敢、热情、坚韧、不服输，毫不动摇地为受害人争取权利，很多时候成了初出茅庐的年轻律师的标志。对于那些有挑战性的，作为捍卫正义、保护权益的环境污染案件，我们只是老道又厌恶地瞥上一眼。事实上，对待诉讼案件的"中年油腻"也罢，"老道成熟"也好，纯粹是个伪概念。它不过是"人生停滞""不求上进""刻意逃避"的另一种表述而已。

很多时候，我们需要自己来证明自己的重要性，而不只是摆设的花瓶。他人眼中所谓的"要案"，成了虚荣自己的墓志铭。把挑战早已抛之脑后，固守着暮气沉沉的个案，在虚伪中渐行渐远。

很多时候，一味地追求成功只能成为成功的俘虏，疲于奔命的"强者"背后其实是对失败的恐惧。一个人的真正力量感绝不是对外界的抓取，而是对自我的坚守和挖掘，是持之以恒对内的"永不妥协"。真正的勇者不是对"死"的恐惧，而是对"生"的反击。

很多时候，我们忙于生计，疲于应付；我们过度营销、唯利是图、无底线地追逐案源；我们从不在乎别人对律师行业的整体印象，更不在乎社会责任感。表面上大案要案一堆，实际不过按程序走过场而已。时间单纯成了计时工具，耀眼的电脑屏幕，闪烁的微信通知，早已麻木了原本悸动的心。

善良、真诚、直率、勇敢、同情、正义、怜悯，艾琳的成功源自于她内在的本真，源自于她对自身价值的追求。表意的"永不妥协"下，隐藏着对真善美的坚持和对正义的信心。她从胜利中得到的喜悦似乎比那些被她帮助过的人还要多，在帮助他们的同时也帮助了自己。

我们感慨着活出自我的艾琳，其实是在支持那个不够勇敢的自己；我们为坚守成功的艾琳而激动，其实是在嘲笑那个退缩怯懦的自己。因为在她身上看到了我们缺少的力量和勇敢，那就是对自己的永不妥协！

"爱想爱之人，行笃信之事。"

成功，就要坚持不懈；胜利，就要永不妥协。或许，只有在漫长的诉讼尽头，才能够找到法律的回家之路。

因为正义永不妥协！

《永不妥协》剧照　史蒂文·索德伯格执导　环球影业出品

影片 速览

《永不妥协》改编自真实事件,描述了一位没有法律背景的单身母亲,在律师事务所担任助理期间,被一处房地产的医学记录所困惑,于是开始查询相关的事件,调查中,她逐渐发现一处被掩盖的污染水源,而这一污染给当地居民造成了一系列的危害和疾病。尽管居民起初对爱琳的调查持不合作的态度,但最终艾琳用自己的恒心和真诚打动了他们,她动员了634人组成原告团,并克服了不平等的困难,打赢了这场官司,并且获得了当时美国诉讼历史上最大的一宗赔偿——3亿3千3百万美元。

抚养权的背面是阴天
——生活不会重来,这正是它美好的原因

抚养权的背面是阴天

"风蒲猎猎小池塘，过雨荷花满院香。"

炎热的盛夏，除了怒放的荷花带来淡淡的清香，暴雨后响晴的天际，容不下一丝好情绪。好的家庭伦理片往往让人纠结，一部片子看下来，发现根本没有好坏之分，尤其是对于孩子抚养权的争夺，没有胜利者，只有失败者。

强烈的感情，冬日的景致，炙热与寒冷的碰撞，交织出《克莱默夫妇》家庭关系的冲突和对抗。"工作太忙"成了惯用借口，"男主外女主内"仿佛天经地义，以至于顾此失彼，忽略了家庭的重要性。

法庭上的妻子也确认：丈夫没有打她，没有打过孩子，不酗酒，没有背叛，也不曾让她和孩子的生活陷于匮乏。但妻子感叹：我一直是别人的女儿、太太、妈妈……这些身份都指向家庭，离开家庭，我是谁？只有在重新工作后，我才找到了自己——这才是离婚的根本。

家庭生活固然很好，又有多少人肯安于平凡呢？若因此心有不甘，就坚持离异，到底是一种自私自利还是一种人生价值的实现？

不离婚根本不知道付出的代价，不离婚根本不清楚和孩子距离有多远、牵绊有多深。离异后的父母和孩子，在感情上、精神上都受到了极大的创伤和折磨。但这是一个过程，也是一个必须面对的现实。没有承受结果能力的离异，本身就是对孩子、对自己的一种不负责任。

失败婚姻的背后，似乎总有一个不负责任的丈夫。而在该片中，丈夫工作勤勉、小有所成；妻子温柔贤惠、持家有方；儿子乖巧懂事、活泼可爱；完全符合中国人幸福家庭的观念。但婚后成为家庭主妇的妻子，一心想在工作中实现自我价值的需求，想在情感上满足关心与体谅的需求，却都被一心扑在事业上的丈夫漠视。

在妻子看来，"家庭主妇"表面逃避了职场厮杀，实为幽闭的牢笼。婚后无数的抱负在琐碎中遗忘，无数的理想在生活中消亡。我们刻意无条件地物质付出，无原则地应诺，那些退而求其次的忍让，妥协出伤痕累累的隐患。

由"分"和"离"组成的单词，总是充满了伤感。如果已经无法挽回，分手或许是最好的解脱。但现实的残酷在于，无辜牺牲者却是孩子。离婚后孩子该何去何从？如何妥善处理？是摆在所有离异夫妇面前的一道难题。

有人说，离婚就好比截肢手术，手术再成功，四肢不全的缺憾是终身的，不可修复。很多夫妇离异后，挑拨孩子去仇恨对方，甚至对方家庭，以此想赢得孩子的爱。这种把责任完全归结于对方的做法不道德也不理智，只会让仇恨在每一次争吵和埋怨中滋生出怪异的胚胎，发育出张狂的恶魔。

如何既不委屈自己，也尽量减少给孩子造成的影响？这是我们需要正视的核心所在。法律不是评判合格父母的唯一标准。很多时候，哪个正确我们无法判断，更无须判断。判断只是个人所见的一个侧面而已，每个人站在不同的角度，所见风景不同，结论自不相同。

当时美国离婚官司中孩子几乎全部判给母亲，父亲只剩下支付抚养费的义务。《克莱默夫妇》上映后，父亲泰德的那一番追问如催化剂般，迫使整个社会重新反思父亲的角色。这甚至改变了不少法官的思路，开始考虑男性作为抚养人的合理性。

在抚养权判决的婚姻案件中，律师往往武断地举出对孩子成长有利的"亲密关系经营的持久性、情绪的稳定性和职业的持续性"等因素来考量。每个律师都想得到胜诉，都以为自己是正义的代言人，委托方必定是孩子最佳监护人，殊不知"那个将胜诉的愿望掩盖起来的假象才叫正义"。

抚养是一种权利，更是一种义务。其实所有的爱恋，都是一场自恋大战。任何说出口的"条件优越便于抚养"，都是虚构的爱心外衣。很多时候，更多的是一种逃避，不是把孩子当物品，就是把对方当傻瓜。代理律师之间所争论的似乎总不能直奔要点，但有时候，这却是真正的要点所在。

如何平衡理想主义、现实主义和犬儒主义？我们会发现，法律的确不是一个完美的专业，好像不牺牲某些原则往往难以取得成功。于是为了帮助当事人，为了使自我感受良好，使自己代理的一方好像具有道德上的优越感，一切的助纣为虐、尔虞我诈却成了合乎道德和法律的胜诉手段。职业的尊荣荡然无存，虚伪着唯利是图的商人作风。

克莱默先生在影片中感慨：我常常在想，怎样的父母才是好父母？一定要有恒心、耐心，要聆听孩子说话，即使听不下去也要假装在听，要有爱心……儿子问爸爸：因为我不乖妈妈才离开的吗？爸爸答：不是。因为你，原本想离开的妈妈才没那么快离开，妈妈她爱你。

"父亲的德行是儿子最好的遗产。"这就是父亲，他永远是子女成长中的英雄和榜样，精神上的支柱和依靠。父爱往往源自本性的真实和细腻，在认真的瞬间深沉。

曾经以为拥有不易，后来才知道舍弃更难。乔安娜开启了另一段人生，泰德找到了新工作，比利也在慢慢长大，而法理情理的融合还在路上。

抚养权的背面是阴天

《克莱默夫妇》剧照　罗伯特·本顿执导　哥伦比亚影片、哥伦比亚三星等出品

诚如所言：离开，是为了更好的开始。只有找到人生的另一条出口，才能看到更多的风景。

很多时候，重要的不是我们失去了什么，而是我们剩下的还有什么。很多时候，我们会发现，在争夺抚养权的背后永远是阴天。

"生活不会重来，这正是它美好的原因。"

影片速览

《克莱默夫妇》以妻子"抛夫弃子，追寻自我"为切入点，讲述了一个单亲家庭的孩子比利和父亲克莱默相依为命，母亲乔安娜开始离去，而后归来为争夺抚养权对簿公堂，赢得抚养权后，又将儿子送归父亲抚养的故事。深度探讨了人在婚姻与社会中的角色定位与价值冲突。

越界总在消失前
——唯有初心不变,梦才会照进现实

云天收夏色，木叶动秋声。

一如乍暖还寒的立春，立秋不是秋，而是盛夏的极致，是表意凉爽宜人之下的酷热难耐，也是残暑最后的嚣张。即使叫着秋天的名字，却穿着夏天的衣服。只是警醒自己，不要忘了是秋的行列，穿错衣可以，站错队绝对不行。季节如此，律师亦如此。

"让正义之光照耀每一个阴暗的角落。"刚从田纳西州孟菲斯大学法学院毕业、正在一边找律所接收一边准备律考的鲁迪始终坚信这一点。即使有个讨厌律师的父亲，也毫不影响鲁迪对法律职业的真正热爱和追求。

影片《造雨人》一开始就带着满满的正能量，写实的手法贯穿每一个细节。热爱法律，追求公平正义，是入行的前提和基础。做正义的代言人，还是不择手段的逐利者？选择权一直在自己手中。

法律影片往往透着社会的灵魂和本质，不经意间就会产生美学上的内在勾连。执业水平与职业道德的高下，反衬出高资历老律师沉沦的虚伪过往。不择手段地恶性竞争，没有底线的职业操守，大佬们奢侈着不可一世的骄傲，鄙夷着新兵的挑战，堆砌的光环之下，肮脏着不可一世的虚妄。

庆幸的是，直白而浓烈的正能量一直在影片中传递。坚守良知，勇往直前，是每一个有良心有情怀的律师成长的根本。扪心自问，曾经的豪情万丈何在？一直的正义必胜何在？理想很丰满，现实很骨感，偶尔泼过来的一盆脏水瞬间就将理想沉沦覆灭。一如温水中的青蛙，我们在享乐中慢慢沉沦，昔日的理想在瞬间土崩瓦解。

《造雨人》剧照　弗朗西斯·福特·科波拉执导　派拉蒙影业出品

律师通过竭尽全力维护当事人合法权益的方式来实践对公平

正义的追求，但很多时候，当我们专注于某一棵树木，忽略的将是整片树林。恍惚间，法律应有的神圣光环被巧舌如簧的狡辩践踏到卑微的尘埃里。

从跑医院寻找"潜在"客户，到长期的"救护车追逐者"，无数迫于生计的律师们，冒着被责骂、鄙视和憎恨的潜在风险，期许出现"诗与远方"的起航。这些被弗里德曼称为"赔偿责任倍增时期的丢炸弹者"，坚定地背负着变异的骂名，持续地带给受害的底层百姓以希望和慰藉。

伯尔曼说，法律必须被信仰，否则形同虚设。每一位热爱法律的律师，都有着对法律坚定的信仰。信仰就是桥上的栏杆，看似不起作用，却能让人心安。拥有了信仰的保障，生活才会踏实，这就是信仰的力量。很多时候，正是因为信仰的光芒驱走了我们偶尔可能"湿脚"的慌张。

英美法的核心，往往不在于定义，而在于先例，遵循先例是英美法的精髓和骄傲。因此，当法庭上被对方折腾得一筹莫展，突然从故纸堆中寻到熠熠生辉的先前判例，顿然眼前一亮，幸福充盈了整个法庭，闪着智慧的光芒。

当然，不忘本的先前判例的确是对前辈智慧的总结，但却是对当下出庭律师能力的一种差评和否定。它限制了我们临场的发挥，让我们变得机械和低能，守旧般弱智出呆板的当下。

民主的游戏规则是诉诸多数表决,它要寻觅并体现公意。应该说,民主是不信任的产物,陪审团未必是照亮社会本质的烛光。很多时候我们会发现"许诺了正义的法律,何以成为非正义的借口?"陪审团5000万美元的惩罚性赔偿金,在保险公司申请破产的瞬间,"像台失灵的赌博机一样"让公平和正义颜面扫地,偶尔绽放的正义光芒,陡然间却是"一地鸡毛"。

"所有的西方法律都不过是卡夫卡的注脚而已。"不择手段的窃听,蓄意的杀害,隐瞒真相,刻意曲解,世道险恶出涉世未深的情怀,在刚刚憧憬的美图中泡沫般瞬间破灭。有时候突然会发现,就连"造雨人"做的事,不一定全都适合遇见"阳光"。

法律职业更多的是需要我们努力到无能为力,拼搏到感动自己;需要我们站在前面、敢于发言、要有作为;需要我们直面黑暗、胸怀悲悯、意志坚定、全力以赴。我们在污浊的世道追寻澄澈,在世故人情中探究法治的权威。

"悟道繁华情似锦,得禅诸事善若水",律师职业注定是一场苦行僧的旅程,这个职业的意义,就在于坚守,就在于一场奋不顾身的前行。

不是每个法律人都能成为"造雨人",也不是每个法律人都能有担当、有作为、有情怀,更不是每个法律人都可以"不忘初心""归来仍是少年"。

"优点不说跑不了，缺点不说不得了"，尖锐的批评永远是律师行业时刻保持清醒的基石，直接的讽刺永远是我们不忘初心的前提。"挑衅"带着善意的箭头，即使射向心脏，复苏的一定是崭新的希望。如此，方可在最好的年华，做最好的自己！

一如影片最后所言：每个律师都会发现，时间长了，就会不自觉地越界。这种事情经常发生，越界多了，界限就会永久消失。最后，你会成为浑水里的另一条鲨鱼。

以梦为马，不负韶华。唯有初心不变，梦才会照进现实。

影片速览

《造雨人》讲述了刚踏进律师行业稚气未脱、初出茅庐的鲁迪的故事。想尽早大展宏图的他，通过代理家庭暴力案件、代写遗嘱事宜，特别是一宗医疗保险索赔案，却接触到弱势群体真正的现实苦难，挖掘出了保险行业内种种阴暗的黑幕和各种潜规则，激发出他维护正义的决心，于是实施了一场捍卫正义的道德之战，最终帮助投保人赢得5000万美元保险金。影片同时警醒我们，时间不能成为执业律师模糊原则和不自觉越界的理由。

留白,才是生活最好的模样

——《一级恐惧》中的人性与谎言

一场秋雨一场寒！

秋天仿佛一夜来临，毅然决然地告别盛夏，在大地上肆意地渲染起绚丽的色彩。秋风起，水随天去秋无际。江面上雾霭笼罩，高挑的楼阁在岸边若隐若现，交织出真实与虚妄的模糊界限。很多时候，我们无法判断初心何在，更多的是一种无奈的初衷。一如影片《一级恐惧》的警示：无人能长期以假面目示人。

影片讲述了年轻凶手精心伪装成人格分裂，骗过了律师、心理咨询师甚至整个法庭，最终逃离了法律制裁的故事。这部影片让我们深思：真实与谎言的区别何在？你以为的难道就是真相？

"没有人是一座孤岛"，很多时候，我们试图在精神病的"伪装者"和司法制裁的"漏网之鱼"之间画等号，因为是不是精神病，本来就是一个难以准确判断的问题。

我们自以为是地坚持，试图拨开迷雾搜寻真相；我们打着人性本善的旗帜，试图挖掘出嫌疑人龌龊背后的良知。一如影片中马丁律师所言：我相信被判有罪前人皆无罪，因为我愿意相信，人性本善。我也相信,犯罪的不全是坏人,我想知道好人为何也会做坏事。

的确如此,"不管是谁,不管做过什么,每个被告人都有权得到最好的辩护"。律师不是为坏人的"坏"辩护,而是为"坏人"的"人"辩护。但很多时候,我们努力搜寻的只是看起来仿佛美好的法律事实,客观事实早已无从查证。"你以为只有一种真相?实际上,为陪审团的12个人所塑造的真相才是对的。"

影片一开始,表现出没有信仰的、重利的马丁,仿佛把法律和正义当成了遮羞布。口口声声最讨厌别人把辩护律师当婊子,而他为了名利,仿佛真的可以出卖自己。误解和反转无时不在,往往在前一刻认定的,后一秒骤变,厘不清的人性在影片中展露无遗。

慈善晚宴上调侃政客和律师的大主教在豪宅被杀,浑身是血的辅祭艾伦被捕,完全合乎情理。敏锐的马丁律师在第一时间主动介入案件,艾伦善良时的无助,局促的表情让人心生怜悯;邪恶时的张狂和阴险的笑容让人不寒而栗。当瘦弱胆小、唯唯诺诺的艾伦突然间变成凶猛、狂躁的罗伊,精神病的帽子自然稳稳地戴上。找不到艾伦的杀人动机,或许是辩护的突破口。逍遥法外往往穿着洗脱嫌疑的外衣,胜券在握的马丁,在捍卫正义的旗帜下在瞬间逆袭成功,把本该下地狱的罪犯又重新拉回人间。

马丁律师刻意为艾伦辩护,意图维护被埋藏的正义,挖掘出所有人被蒙蔽的真相。富有张力的演技,精湛出高人一等的眩晕。在善良与美好流逝的背后,罪恶与丑陋在一层一层卸掉伪装。

《一级恐惧》剧照　格里高利·霍布里特执导　派拉蒙影业公司等出品

"从来就没有艾伦"泄露出人性恐惧的天机,每一片善良的叶子背后,布满了邪恶的纹路。这是对追求正义最沉重的打击,我们竭尽所能保护的信仰瞬间坍塌成了自慰,原以为纯洁的心灵却如此肮脏,让人失望。

我们自以为是地追寻真相,猛然发现很多事情根本就没有真相,而追寻的方向也只是我们刻意画出来的虚假箭头而已。真相往往在巅峰的极致崩塌。

有些影片无关正义，也非黑白，有的只是生活的灰度，我们在这种模糊地带长期徘徊，在生活的枷锁中试图逃离。偶有风起，掀起被灰色遮掩的洁白裙褶，在黑暗的世界中若隐若现。

撕毁法网践踏法律，比放纵罪犯更可怕。只有奉行"疑罪从无""决不冤枉一个好人"的理念，才可以实现"不放纵一个坏人"的理想。纵使坏人有可能漏网，但法律的尊严却得到了很好的张扬；纵使有时候让坏人得逞，使好人伤心，法律的终极目的永远闪耀着人性的光芒。

律师之使命就是要让依法本该无罪的人得以释放，还他们清白。一如马丁感慨"我不爱去赌城，知道原因吗？可以赌人命何必去赌钱呢？"辩护律师就是可以如此潇洒豪迈。在马丁的眼中，律师存在的价值和意义远超法官。正如马丁所说："能够上场比赛为何还要选择做裁判？"

很多时候，我们追寻的正义只是镜中月水中花，是倒影是迷离，是竖着魔鬼的旗帜，是带着撒旦的魔咒！但唯有律师，永远不会将犯罪嫌疑人抛弃。即使接手的案件如同俄罗斯方块是个必输的游戏，辩护律师也会坚持到底。

"这个世界本就这样，否则就不是它了"，这才更像是我们活生生的世界。没有一种生活是百分之百"真实"的，就算有，也一定比"虚假"更恐怖。二者的角力和搏斗，是那些勇于追求正义的人必然要承受的痛苦和重负。

恐惧是人类生存的需要，它永恒存在于我们的DNA。恐惧是必需的，车从身边快速擦过，没有恐惧，身体怎能迅速地躲避。我们会发现，恐惧的目的是保护我们远离危险，而不是去伤害我们。唯有保持恐惧感，才能更好地应对危险，乃至消除危险。

我们要从远处看生活，决不要发问。因为你发问，它也从来不会对你说什么。罪恶的《一级恐惧》基于现实，而非未知。律师的高智商，心理学家的专业眼光，都被艾伦毫无漏洞地蒙骗过去，狡诈阴险在谜底揭开时更让人不寒而栗。

艾伦才是社会人的常态，罗伊只是人性的迷失。我们情愿认为艾伦是真的精神分裂，是他的另一个人格——邪恶的罗伊杀死了主教，却都不愿意承认和面对艾伦从头到尾是个骗子和杀人犯的客观现实。

秋风任它吹，法却仍未归。现实冷酷，信仰永存。或许，留一些白，才是生活最好的模样。

影片速览

《一级恐惧》讲述了芝加哥一桩震惊全城的主教被

害案。主教收养的辅祭艾伦被警方指控残忍杀害了主教罗森,控方举证了大量对艾伦不利的证据,律师马丁在辩护过程中发现艾伦人格分裂,他的体内附着一个杀死主教名叫"罗伊"的人,法庭上艾伦与罗伊人格切换,马丁借口艾伦患精神病使其成功脱罪,法官宣判艾伦入院进行治疗。然而,表面上维护了犯罪嫌疑人艾伦的律师最后突然发现,一切皆出人意料。自始至终只有罗伊,艾伦才是真正的不存在。

诉讼就是战争,就是这么简单

——《民事诉讼》中对环保案件真相追寻的坚持

夜凉如水，几树惊秋，屦痕苍藓径空留，何处月如钩？寒露过后，秋天短到几乎没有，一副完全被架空的样子，瞬间把属于自己的色彩斑斓，从日历上推向了冬日。

一如有些法律影片表意的内容充实，却虚妄着悲情的曾经。影片《民事诉讼》(*A Civil Action*)一开始就提醒着，探寻法律真相的意义。很多时候，我们太过于注重所谓的诉讼技巧和细枝末节，在莫须有的矜持中试图寻求法律的真谛。

影片的名字往往又被汉译成《公民行动》《禁止的真相》《法网边缘》等，每一个别出心裁的翻译，都力求精准地表达出美国现实中推崇法律至上的极致。殊不知很多时候，汉语的丰富超越了法律固有的含义，惊诧出莫须有的曾经。

"传闻证据，抗议；非最佳证据，抗议；真实性可疑，抗议；如果你在律师席上睡着的话，你醒来的第一句话就是我抗议。"影片中，老律师教科书式的经典总结，犀利出职业精神的斗志昂扬。

很多法律影片总爱和环境保护紧密联系，仿佛没有环保，就不足以体现律师的伟大。但真正的环保民事诉讼，谈起来容易，做起来却异常艰难。或许，连接起"说"和"做"之间的除了坚持和固守，别无其他。

环境保护诉讼，投入的精力和财力足以让任何一位以正义为追求的律师倾家荡产，甚至一无所有。也正是因为一无所有，才能看清楚法律的价值及人性的意义所在。但如果因此就要求每一位律师都赔上自己的事业，却是强人所难，这代价也是律师个体所不能承受的。从钻石王老五到一贫如洗，一件环保民事诉讼足矣。

很多时候，我们早已在机械的办案中麻木了自己，我们低头走路，专注办案，哪管白天黑夜，哪有阴晴圆缺。

只有在某些时刻，偶尔借助电影的迷烛，重回光影摇曳的时光，找到一不留神遗失的自己。

很多时候，虚假的完美威胁着电影艺术。然而一旦涉及法律，虚假顿时成了似乎完美的一部分，不虚假，反而变成了赤裸裸的显摆。作为律师的你，惊诧间感叹：能在哪部法律影片中，遇见似曾相识的自己？

反问，只是深刻自省的第一步，相似与真实之间有着严重的误解。一如弗洛伊德所言：生活的本质在电影里汇聚。影片中，在人身损害赔偿方面出类拔萃的律师 Jan Schlichtmann,

即使名列钻石王老五，却总是背负"利用别人的不幸来给自己敛财"的骂名。如果真是这样，为什么还会因为担心当事人而半夜睡不着？为什么还会对他们的痛苦感同身受？但是，对当事人而言，"一个模糊了判断的律师，就像一个晕血的医生一样没用"。

作为律师理应知道："诉讼就是战争，就是这么简单。"先宣战，提交起诉状，只是挑起战争的第一步而已。既然是战争，就不要担心，绝不气馁。不要被对方所谓的名所、大所吓倒。不要慌，他们就是要吓唬你，即使墙上挂着的全是哈佛的文凭。你一慌就正中他们下怀，他们就靠此取胜。

影片通过案例警醒我们，玩俄罗斯轮盘的胜算率都比在法庭上赢一个案子要高上12倍。那为什么还要起诉到法院？因为一般都选择和解，整个诉讼的宗旨就是谋求和解，强迫对方来和解，要达到这个目的，就要进行大量不必要的花费，逼迫对方也支出大量不必要的花费，谁先醒悟过来恢复理智，谁就输了。

影片中，前辈律师用幽默风趣的话语阐释出什么是老道和江湖。"如今律师的最大毛病没有之一，就是自满。因自满输掉的案子比那些证据不足、证人无能和法官昏庸的加起来还要多。"老前辈的总结永远是指路明灯，一如法庭中的询问：除非你很确定答案将会是什么，不然，决不要问证人为什么，决不。

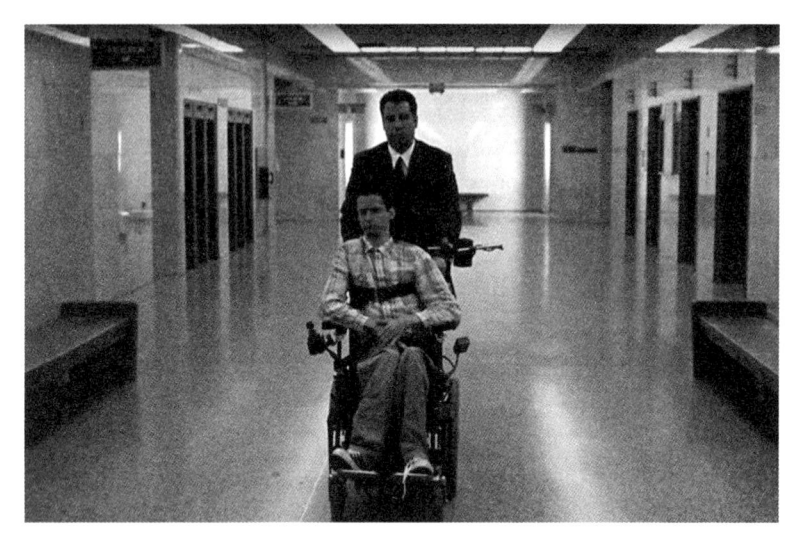

《民事诉讼》剧照　斯蒂文·泽里安执导　试金石影片、派拉蒙影业出品

即使我们咒骂过律师的贪婪和狡诈，即使我们武断地认为律师永远是笑话的重点。然而，通过影片我们会知道，律师没有原本的恶，也没有主持正义的能力，律师的权利只是委托人权利的延伸而已，律师只是被动地接受委托，把当事人的权利用到极致，确保在法律的框架下，实现当事人权益的最大化。很多时候，我们过分夸大了强加给律师的义务，拿着放大镜来挑刺。扪心自问，真没有必要用道德来绑架和强制，任何试图在律师和正义之间画等号的做法都是徒劳的。

"民事诉讼"本身就是一种坚持，是一种毅力的对抗赛。一如律师Jan所言：如果你们像以前一样，用金钱评价成功与失败，用钞票衡量人的痛苦，那你得出的结论是我彻底失败了。但你算不出来的是，即使我现在已经知道了这一切，知道一旦和这些人有所牵连，会有这样的后果，知道了所有的数据，所有的概率和角度，如果我能回到过去，我还是会再来一次。

影片从无数个实操的细节入手，警醒着我们的不屑和嚣张，提醒着我们需要正确地认识到，法庭不是个寻找真相的地方。如果在法庭上能找到任何与事实接近的结果，就算非常幸运了。

电影是细节的艺术。一如让·科克托所言："真正的故事应该为了眼睛继续它的脉络，永远不要迷失于捷径，摄影机有可能在路上对我们设下了陷阱。"很多时候，沉重感和无力感贯穿影片整个过程的每一个细节。正因如此，我们才需要认识到，法律并不是万能的，这才是法律的本来面目。法律本身只是法治社会的标志而已，距离法治的精髓和实质尚远。

很多时候，我们的期望越大，失望也就越大。很多时候，"人会因为太过接近某物，结果反而忽视了它"。诚如荣格所言：直到无意识意识化，它才会指引你的生活，你才会遇见你的命运。"如果你真的是在寻找真相，你知道它在哪儿吗？在无底洞的底端。"所有接近它的人都必须接受它的考验，它考验你的认知、信念、选择，迫使你检验自我的价值，真理的必要性。

"带我去河边，扔我进河里，爱她无可救药，原因我不知道，艰难险阻有多少，还有可能比这更糟……"歌声中，影片戛然而止。"希望你在我停下的地方继续前进。"Jan如是说。

已阅：光影中的法律与正义

影片速览

　　电影《民事诉讼》改编自畅销作家强纳森·哈尔的名作，源自真人真事。律师 Jan Schlichtmann 穿名牌、开豪车，收入颇丰，事业蒸蒸日上。以正义为名，他在人身伤害官司中所向披靡。一次电台节目中，Jan 接到一名伍本镇居民来电，告知 15 年内 8 个孩子死亡，怀疑是工厂排污所致。于是，Jan 的人生因此改变。为了寻找真相，他投入巨资，结果却不了了之。起诉、驳回、上诉、再诉讼，Jan 早已变得一无所有，8 年坚持终于赢得胜利，排污工厂承担 6940 万元作为清理水源的经费，创下新英格兰地区史上耗资最多的环保案件。

观念的历险,为死的尊严而战
——《死亡医生》中安乐死的法律与道德的边界

"独树翘寒色,闲云澹落晖。"

草木衰败,树叶飘零,转眼已是冬季。日历几近掀完,瑟瑟寒风早已把叶子从那些骄傲的树上冷酷撕下,雨湿落叶,脉络清晰,切割出风寒料峭的生命归宿。

当生命走向尽头,舞台即将谢幕,如何完美结束?如何尊严离去?如何让死亡变得更有意义?影片《死亡医生》用清晰的脉络叙述,警示出法律与道德之间藕断丝连的羁绊。

争议往往是电影卖座的前提。很多电影的伟大之处,在于否定的本身就是一种积极的肯定。"未知生,焉知死?"死亡始终是一个终身思考的哲学命题。很多时候,这种观念的历险,需要付出自由甚至生命的代价。

"如果生命是没有尽头的,人生将会毫无意义。"因此,死亡是人生中唯一能够确定的事。如何真实地按自己的意愿活一把,最后按自己的意愿离去,是我们需要思考和面对的终极问题。维克多·弗兰克尔说:人的一切都可以被剥夺,唯独最后的自由是不能被剥夺的。很多时候，我们过多强调了所谓的生命过程，对于最后的结束往往不屑一顾，甚至不知所措。

一个人是否有权利决定自己的生死，是我们一直回避不敢直面的终极问题，这或许本来就是一个伪命题。斯蒂芬·霍金说："违背一个人的意愿，强迫他生存下去，这才是终极的侮辱与不尊重。"很多时候，当生命最后的时刻填充的全部是痛苦不堪时，"兄弟，给我补一枪"或许才是真正的关爱之举。

"死亡不是罪（Dying is not a crime）"影片中的老医生如是说。他从未后悔帮助病人行使有权杀死病人自己的权利，即使面临数次的"协助自杀"的指控也不改初衷。在他和他的律师看来，死亡是一个人的基本权利，每个人都有权决定自己的生命是否终结。但对于病入膏肓的患者而言，早已丧失了这种权利，甚至连自杀都无法启动。

"身体发肤，受之父母，不敢毁伤，孝之始也。"反对者认为"生和死都是上帝的安排，对这一自然过程加以人为性的干预，就是谋杀，就是犯罪！"是备受折磨地活着，还是心随人愿终结痛苦不堪的现状，在"好死不如赖活着"的尴尬中悲伤离去。站位不同，结论相反。

影片中，老医生杰克协助一百余位患者自杀，但其始终谨记死亡机器只能由患者本人启动，而且在不到万不得已的最后时刻，决不启动这温情的残酷之举。从患者和家人提出请求，到患者本人的同意，以及最后打开致命的药物机关，皆为患者自己真实意思的表达。

《死亡医生》剧照　巴瑞·莱文森执导　养蜂人公司、HBO公司、皇家橡树影业出品

因此，当我们抨击这种行为的时候，需要思考的是，如何按照道德标准抑或是遵循法律准则来评判莫衷一是的非议。

肯·赫尔曼医生在《生死思考》一书中感慨："许多人会在重症监护室度过生命的最后时日，但对于其中大部分人来说，这段经历既痛苦，又没有任何意义，只会给病人及家属带来不必要的痛苦和折磨。"对于亲属来讲，亲情上不允许他们放弃抢救性医治。对于医生或家属来讲，延续病人生命的"边界"究竟在哪里？面对生命的自然终点，怎能确定患者即将死去？谁才有权下令终结这种所谓的积极治疗？是病人还是家属？医生还是法官？谁也不愿意在药物的希望和死亡的现实之间做出抉择。

从希波克拉底誓言到南丁格尔誓言，都强调了病人利益至上的立场。生命诚可贵，质量价更高。或许，很多时候，医生的职责不仅是要尽最大努力去医治病患，更要设身处地为患者着想，在死亡的这个自然过程上，没有了尊严和温情，没有了回忆和陪伴，只能在无奈中凄然离去，轮回着下一次生命的期许。因此，在无力回天的情况下，尽可能地减轻患者的痛苦，或许才是患者最需要的，也是一位医生应该尽力做到的，更是法律应当深思之所在。

我们要在安静中不慌不忙地坚强。"没有死亡自由的自由是不充分的"，如何让自己死得有尊严？让自己从痛苦中解脱，死得更有意义？当你生命的最后阶段，你已经忘记了爱人和子女，不知道能否再次认出镜中的自己。这就是你的恐惧，这就是你要经历的岁月，日复一日，直至痛苦地死去。

我们的国家能纳百家之言，因为我们是通过文明的、非暴力的方式来解决内部冲突。我们有一套方法和手段，用来声讨有违人心的法律。你可以批判法律，斥责法律，和媒体诉苦或者向选民请愿，但你永远不能逾越法律的界限，不能触犯法律，或将法律玩弄于股掌之上。毋庸置疑，在现行法律禁止的情况下，有胆向全世界展示你所做的一切，法律必然惩罚你。多次公开声明自己的意图，想以此作为蔑视法律的借口，不论是主动还是被动的安乐死都是违法的。我们到底是否有死亡的权利？对此，汉密尔顿说，如果权利来自上帝，权利的确"不可剥夺"；如果权利来自自然，权利便如自然法则般固定不变；如果权利只是人类立法的产物，权利便可由原来设计的人加以修改，甚至废除。

一如所言：生命就像秋天枯萎的叶子在风中飘摇。但我们不知道，是这阵风会把它吹落还是下一阵风，也不知道能否在寒风中等到来年春天，即便如此，也不代表它会重新变绿。很多时候，为了所谓延缓生命，对那些病入膏肓的人过度化疗，反而加速了其他器官的恶化，从而导致其加速走向死亡。这一点对于家属来讲，也许知道也许不知。但他们相信医生已经尽力，生命已经得到延续。

纵然，潮水的方向并非由个人的意志所决定。衰老不可怕，可怕的是，你从来没有真正为自己活过；死亡也不可怕，可怕的是连最后的时刻都不能按自己的意愿来进行。

初冬暖阳，岁月沉香！爱在遗忘消失前。

影片速览

电影《死亡医生》讲述了老医生杰克·凯沃基安违背密歇根州的法律，帮助一些绝症患者自杀，从而引发了社会大众对此举的强烈反抗。虽然医生多次被控告"协助自杀罪"而无罪释放,最后却因其主动实施安乐死而被以谋杀罪判刑入狱。由此引申出与安乐死相关的法律与道德问题的深入探讨。

真相的本来面目就是没有真相
——很多时候诉讼只是一连串诡计与设计

有些事或许只有看见才能相信，有些事只有相信才能看见。很多时候，你之所以看不见黑暗，是因为无数勇敢的人把黑暗挡在了你看不见的地方，让冰冷的冬日瞬间拥有了生命的底色。

阴极之至，阳气始生。冬有你至，不舍昼夜。在每一个寒冷的极致，迎接新年里冬日暖阳的明媚！南方的冬季总是带着不纯粹的嫌疑，挂着冬至的日历，却过着北方暮秋时节的凄凉。

有些影片注定会创造和改写法律，有些影片注定会掀开一角揭露人性的复杂和阴暗。《无罪的罪人》正是这样一部将权力和嫉妒的注脚推向极致的影片，让观影者在数九严寒惊出一身冷汗。

诚然，很多时候，正是因为人类存在的各种欲望和追求，才成就了这个世界。但也正因为人类固有的自私本性，欲望往往也会在瞬间毁灭这个世界。

影片《无罪的罪人》原名 $Presumed\ Innocent$（无罪推定），从一开始就将镜头对准了陪审团的席位，旁白的检察官拉斯迪娓娓

《无罪的罪人》剧照　艾伦·J.帕库拉执导　幻影公司、华纳兄弟影片出品

道来：他检阅犯罪证据，决定起诉谁，并将证据呈于陪审团，由陪审团据此作出判决。他们必须定夺真正发生了什么，如果他们无法定夺，我们就不知该释放犯罪嫌疑人还是惩戒他，如果连他们都无法找出真相，还有什么公平正义可言呢？

很多时候，仿佛一旦诉讼，魔鬼就藏在细节里，是非曲直开始变得真假难辨，在实现公平正义的路上仿佛处处充满了虚伪，唯有真相在不起眼的角落着急地掉眼泪。

影片围绕着欲望与挣扎、复仇与愧疚、贪腐与奋斗展开，从首席检察官拉斯迪看似幸福美满的家庭切入，贤惠貌美的妻子，聪明伶俐的孩子，不过这一切总是透着某种不安的忧郁，表象的幸福婚姻仿佛早已暗藏着危机，静待某一刻突然爆发的来临。

"就像一只章鱼，紧紧抓住你的心"，悬疑从漂亮的女检察官卡洛琳被害开始，曾和她有过交际的拉斯迪受命调查此案。剧情在瞬间反转，检察官拉斯迪突然成了被指控的犯罪嫌疑人，从现场带有指纹的玻璃杯到其他无数的细节，证据确凿。加上媒体的大肆报道，定罪已是必然。

虽然很多时候大家总喜欢拿律师开玩笑，然而一旦遇到麻烦，律师瞬间成了所有人的救命稻草。一如影片中的首席检察官，一旦面临指控，想方设法聘请最好的律师，成了当务之急。其实律师不是天使也不是魔鬼，我们不能因为他帮助了无辜的人，就成了正义使者；为恶人辩护时，就成了坏人帮凶。他只是践行着"无罪推定"的逻辑，期许着不冤枉任何一个好人的初衷。这一点，与所有法律共同体的不同职业者有着共同的价值追求和目标。

一如斯考科·杜罗所言："一旦坐上了被告席，社会的信赖、尊重，甚至自由，都已经像寄存在法庭入口衣帽间的外套，也许永远都找不回来了。"那种恐慌，那种灼烧般的沮丧，还有那种挥之不去的孤独，也只有身临其境方可体会。

诚如所言，很多时候只有换位思考，真正成为被告人的那一刻我们才能彻悟到被告人辩解的无力。只有当检察官拉斯迪成了真正的被告人后，他才会突然发现，从警察、检察官到法官，甚至我们的辩护律师，几乎没有人认为他会说真话。他想坚称自己的无辜，但只有站在被告席上，他才真正明白，说什么其实并不重要，因为一切靠所谓的证据定案。他瞬间明白自己的辩解是如此的苍白和无力。猛然想到在做检察官指控时，辩护律师不也总是这样坚称自己的当事人无辜吗？但在当时的检控官拉斯迪看来，那些人绝大多数应该是有罪的。

很多时候，法庭上需要的是"看得见的公正"，需要我们证明什么是"真相"。但真相是什么？一如德国顶级刑辩大律师费迪南·冯·希拉赫所总结："凡是在刑事司法界工作的人都必须辛苦地学会这个回答：一场诉讼的真相只是针对事实的一种理论。"诚然，我们渴望这个世界能黑白分明，但探究真相却"让人害怕地喘不过气来，又好奇地不忍停下。"真相只是表面，而且很少是单纯的，这样的真相永远令人难以承受。

或许，只有在这个时候，我们才突然明白：对未来的真正慷慨，是趁还来得及，把一切都献给现在。我们那些固有的观念原来是如此的不堪一击，"不问真相，还是找出真相？说出真相，还是相信真相？"唯有我们自己才能决定我们自己的价值观。

或许"很多时候诉讼只是一连串的诡计与设计"，但面对强大的国家机器，只有定案的证据能够达到"排除合理怀疑"的程度，我们才能不冤枉一个好人。

影片中激烈的交叉盘问，教学般诠释出大律师的睿智与渊博，精湛地表现出超脱法律之外的智慧与善辩，瞬间俘获了陪审团无数个善意的良知，虚拟出不是真相的真相。

幸运的是，基于鉴定报告的瑕疵和重要物证的丢失，以及对司法官员的某种要挟，检察官拉迪斯方才得以脱罪。但"我们能享有晚餐，不是来自于屠夫、酒商或做面包者仁慈利他的善心，而是诉诸他们谋取自利的私心"。爱的极致是疯狂，是不计后果的歇斯底里。当他最后发现凶手竟然是自己妻子的时候，猫捉老鼠般冷酷出不敢直视的胆战心惊。

更多的时候我们或许会找出所谓的"人格瑕疵"来解释那些无法饶恕的行为，仔细分析会发现，概无其他，只有欲望，只有这种让人疯狂的人性弱点，才能让我们发现不敢直视的人性真相，或许这就是我们不能克服痛苦的映射。

其实，"命运不是一只雄鹰，它像耗子那样爬行"。我们轻描淡写的生活，经常处于一种"失重"状态，没有压力，也没有着力点。很多时候，无数个莫须有的细微之处被瞬间无限放大，个人的命运因此消隐在生活的潮水之中，托举着昨日世界的泡沫。

或许真相的本来面目就是没有真相。

已阅：光影中的法律与正义

《无罪的罪人》剧照　艾伦·J.帕库拉执导　幻影公司、华纳兄弟影片出品

影片速览

　　《无罪的罪人》围绕着助理检察官卡洛琳的被害讲起，层层递进、处处悬念。凶案现场的种种证据，都在直接指向曾经和卡洛琳有过密切交往的首席检察官拉斯迪。瞬间，多年指控他人犯罪的检控官竟成了犯罪嫌疑人，这让正直善良、看似有着幸福美满家庭的优秀检察官拉斯迪百思不得其解。拉斯迪知道自己落入了他人策划的陷阱之中，而愿意为他辩护的，仿佛只有他自己。

在职业道德困境的异端
——如何在正义与律师职业道德之间取舍

在职业道德困境的异端

"昨夜雪庐处处花，半入池塘半入楼。"

大寒时节，树沾寒色，草落清霜，庭户凝霜雪，寒梅著花未。在每一个挑战的冬日，迎接寒冷的极致，静待春暖花开的到来。

"冬有冬的来意，寒冷像花，花有花香，冬有回忆一把。"很多时候，每一个爱好都值得珍藏，每一段过往都成为永恒。有些影片用来欣赏，有些影片用来警醒，有些影片跨越了时空的距离，平淡中带着哲理，注定成为涤荡内心的启蒙经典。不是所有的法律影片都具有改变社会的能力，但总有一些让人在怅然若失中深思法律本身真正的价值所在。

影片《伸张正义》从一名正直勇敢的律师亚瑟的视角切入，带领观众穿越美国司法现状的乱象，在平凡的个案中评判法治社会表面的虚妄。亚瑟因此陷入了律师职业道德与法律的困境之中，瞬间极致的突兀，冲撞出错位的灵魂挣扎，颠覆着英美法系固有的视角，尖锐出伸张正义的凌乱。

《伸张正义》剧照　诺曼·杰威森执导　哥伦比亚影业出品

影片中不耐烦的审判法官、草率应付的代理律师，羞辱着美国司法草菅人命的虚伪，罪恶和丑陋在银幕中蔓延，黑暗笼罩，美利坚虚妄的正义在瞬间颠覆。或许"正义"只是一面旗帜，"就像上帝的王国，它不是我们身外的一个事实，而只是我们内心的一种热烈向往"而已。

我们经常说，正义必须以看得见的方式实现。那什么是正义？影片中亚瑟总结道："正义就是看到有罪之人被证实有罪，无罪之人能被释放；就是捍卫每个公民的权益。但控辩双方都想赢，却不管真相是什么，我们罔顾公正，我们希望能赢，不管谁有罪谁无罪，为了赢，可以忘乎所以。"当我们沉浸在个案之中，除了胜诉之外，哪有正义萦绕。

为什么要登山？因为山在那里。很多时候，我们仅仅停留在

"苦生甜，涩生津"的初级阶段，那是因为我们办案太少，反思太少。多喝点茶就能明白，多办些案就可知晓，痛苦的事情我们还要做，一定是因为它不仅只有痛苦，一定"藏着其他的一些什么东西"。到底是苦尽甘来还是苦上加苦，唯有尝试后方可知晓。很多时候，痛苦是持续过程中的一种"享受"，当下的痛苦才是"痛苦"，经历之后全是财富。

人生如棋，落子无悔。得意扬扬也好，自怨自艾也罢，很多的波澜壮阔最后成了一地鸡毛，很多的英雄豪情最后变成了无痕无迹。丰富生命的厚度，精饰灵魂的深度，从抽象到还原，唯有坚定的信念和内心的善良，让我们体会到真正的自由与责任，淬炼与涅槃，在冬寒料峭中感受着艳阳高照的来临。

细节决定成败，既然接受委托就应当全力以赴。很多时候，"你办的其实不是案子，而是别人的人生"。没有法律，人类便无法维系当下的社会；失去信仰，人类则无以面对未来的世界。"未经思考的知识不是知识。"在有实用主义传统的美国，唯有埋下思考的种子，才可以避开所谓的职业伦理陷阱。

影片中不负责任的公职律师瞬间将杰夫推向噩梦的深渊，唯利是图的沃伦律师和对真相、正义置之不理的法官弗莱明，都无视感化报告的真实存在，致使阿吉被重判后绝望而自杀。在这种利欲熏心、唯利是图、没有底线的法律圈，如何坚守正义？或许这本身就是一件几乎不可能的事情。一如亚瑟的愤怒：

"我们遇到难题了。我们只想胜诉,对真相和正义都置之不理,赢就是一切。"

从职业伦理委员会到庄严的法庭,从捍卫正义的检察官到伸张正义的辩护人,很多时候,虚伪无处不在,困惑无处不在。德肖维茨也一直强调:"大部分被告都是有罪的。律师为什么替有罪的人辩护?这个问题很简单。律师没有义务去决定谁是有罪的,那是法官和陪审团的责任。就是犯有滔天罪行的人也应享有受辩护的权利。"但当亚瑟的同事杰瑞律师出色地使杀人犯逃脱法律制裁,但出狱后却无端杀害小孩的悲剧发生时,我们扪心自问,这样的辩护到底是为了什么?伸张正义和替坏人说话瞬间模糊了界限。

伍尔芙说:"生命不是安排,而是追求,人生的意义也许永远没有答案,但也要尽情感受这种没有答案的人生。"诚然,律师作为职业共同体的一员,是一种对法律发自内心的尊崇和虔诚,更多的是一种对公平正义的追求。我们对办案的效果有没有深刻的反思,我们有没有充满感情来换位思考那些惊诧之举,我们是否基于人之善良本性来打量这个世界,唯此,方能无悔过往不惧将来,才可开出绚烂绝色的花朵。

有时候,法学是一个动词,而不是一个名词,法学的本质不在于掌握法之真理,而在于探寻法之真谛。很多时候,越慌张,越需要厚重的酝酿。只有当潜意识防御上升到意识层面,时刻保持"有意瞄准，无意击发"的状态，或许才是真正的超越。

人类对于何为正义也许永远无法达成共识，但当刑事案件的被告人试图角力强大的国家机器，只有辩护律师才有为其洗脱罪名的希望。爱因斯坦说："提出一个问题，往往比解决一个问题更重要。"一个执业律师能否抛弃律师应有的职业操守，站在道德和正义的制高点，指控自己的委托人有罪？或许只有那些人类最智慧最勇敢的探索者才能借此展示他们惊人之举的美丽所在。

更多的时候，我们会发现：一旦辩护人错位，原本晃悠悠的天平将瞬间倾斜。我们不能举着"伸张正义"的旗帜，将救死扶伤的手术刀瞬间转变为杀人凶器。其实很多时候，只有辩护律师忠实地履行辩护义务才是真正的伸张正义，即使明知罪大恶极，也需要给其一个据理力争后经得起检验的公正判决。任何添加感情色彩的错位，伤害的何止单单是程序正义？

"你违反了秩序""你才违反了秩序，这个审判违反秩序，全都违反了秩序"影片最后，在法官和律师的争辩中结束。到底是谁先违反了秩序，本身就是一道无解的题。

或许，每一个谎言之下都有着真相，每一句假话背后都藏着欲望。我们必须有勇气揭露那些刻意隐瞒的肮脏，即使风雪严寒，总有阳光灿烂冰雪融化的一刻。就像约翰·列侬说的："所有事到最后都会是好事。如果还不是，那它还没到最后。"也如毛姆感慨："人生实在奇妙，如果你坚持只要最好的，往往都能如愿。"人生如此，职业如此，初心如此。

心若向暖，大寒不寒。伸张正义，在每一个不起眼的个案。

影片速览

在电影《伸张正义》当中，刑辩律师亚瑟十余年来，始终坚守做人的道德与良知，不畏强权、据理力争，以至于忍无可忍在法庭上对冷酷的弗莱明法官动了手，结果因藐视法庭被判拘禁。巧合的是，弗莱明因涉嫌强奸罪而威胁亚瑟，逼迫他作为其辩护律师，亚瑟接受了委托，在法庭上很快盖过指控证据明显不足的检察官，在陪审团几乎被其说服的同时，亚瑟却瞬间站在了检控一方，歇斯底里地指控起自己的委托人弗莱明。如何在正义与律师职业道德之间取舍？亚瑟内心的挣扎和抉择，给了我们一个明确的答案。

狐狸知道很多事情，
但刺猬知道一件最重要的事
——你会看到美好，只要向着明亮那方

冬有冬的去处，春有春的来意。立春恰逢除夕，真正的春和景明，万物复苏。在晴朗的午后看一部轻松的法律影片或许是欢度假日的最佳方式。

很多时候，以法律经典为前提的互鉴，有效且必需。电影是一种仪式，是一场每秒24格的心理治疗。尤其是掀开那些法律影片华丽场景的背后，瞬间惊讶出自欺欺人的道德虚无。

影片《律师事务所》(*the firm*)又译《黑色豪门企业》，或译《糖衣陷阱》。讲述了一个刚从大学毕业的法科生米奇进入一家黑色豪门企业掌控的律师事务所，利用智慧全身而退的故事。

影片一开始，就展现出高大上律师事务所无与伦比的美。对于法律系毕业的高材生来讲，能进高端事务所谋取一份高薪的职业就是对自己人生价值的首肯。哈佛毕业的米奇就成了一名幸运儿，这家律师事务所提供了相当诱人的合伙人培养计划和极其丰厚的报酬作为聘用这个初出茅庐的法律毕业生的条件。不仅如此，事务所还为其配备豪车，提供别墅并免费进行豪华装修，这

《律师事务所》剧照　西德尼·波拉克执导　派拉蒙影业出品

一切都使得年轻的米奇夫妇瞬间跌入幸福的旋涡。

"仪式感，就是使某一天与其他日子不同，使某一时刻与其他时刻不同。"年轻律师需要通过仪式对自己的成长进行见证和激励。当米奇通过司法考试，事务所全体同事集体庆贺的时候，我们发现仪式原来就是对我们从业法律平庸生活的一种报复，从而需要仪式来认同，需要仪式来体现我们的存在感和获得感。

于是乎，上述一切对于正直善良、勤奋进取又极富正义感的米奇来讲，拼命工作或许是报答律所的不二法则。但奇怪的是，律师事务所自成立以来，几乎没有律师离职过，除非退休。疑惑是解决问题的前奏，当FBI工作人员主动搭讪，事情的严重性几乎可以肯定。几名去世的事务所同事竟然都是意外、蹊跷地死亡在离职的前夜。

留住律师的方式有多种，刻意的推崇，丰厚的待遇，完美的仪式，等等。但故意设陷阱留把柄在律师事务所手上，让其深陷其中无法脱身，则是险恶用心的第一步而已。越调查越恐惧，米奇这个时候才终于知道自己所在的事务所竟然只是黑帮洗钱的工具，而自己还是其中的一环。

一切的顺利原来都是糖衣陷阱，光鲜亮丽的背后是难以想象的黑暗和恐怖。有时候的一帆风顺，恰恰是极度危险的开始，恐惧和疑虑瞬间充斥大脑，惴惴不安成了挥之不去的阴霾。随着调查的深入，背后的真凶逐渐掀起黑暗的衣袂，露出狰狞的面目。

一瞬间米奇进退两难，如果帮助FBI调查律所泄露客户资料，就是严重违反为客户保密的誓言，有被吊销律师证的风险；如果不帮FBI，早晚会越陷越深无法自拔，最终不是被黑帮清除就是涉嫌犯罪。

很多时候，只要远远望见，似乎就会抵达。很多时候，人生是多么容易滑向自欺和无意义的道德虚无。我们年轻时拼命想探求真理的本质和生活的意义，艰难地在道德和正义的田埂上小心翼翼地前行，却一个不留神而满盘皆输。即使小心翼翼全身而退，也是如此的被逼无奈。如同米奇给黑帮的承诺："我就像一艘船，只要我活着，我永远都不会靠岸。"

如村上春树所言:"不是所有的鱼都会生活在同一片海。"很多时候,法律并不能拯救灵魂。我们在正义的道路上仿佛越走越远,追逐利益似乎成了律所的唯一目标。一如米奇在脱身时暗示黑帮可以寻找另外一家律所继续洗钱,有钱就会有相应的律所甘愿冒险。那么问题出现了:我们在法律职业中的平凡工作到底是为了什么?能否具有救赎的价值?

"我们一直在寻找,却总有一个真实的注定,在遥远的前面,不动声色地等着我们。"显而易见,我们不能做"只知砌砖而不对自己所建造房子负责的泥瓦匠",我们不能单纯地置之度外,从所谓的肮脏中脱离。我们不能只关心法律事实上是怎样,而不是它应该是怎样。我们必须清楚地认识到,法律实际是什么是一回事,而法律应当是什么则是另一回事。法律界虽然很现实,但我们依然要做一个身上有光的人。我们不能死板地适用那些明显有违道德和人性根本的规定,而应当"在你的光明中看到光明"。

没有人是一座孤岛,没有人能与世隔绝。我们必须比以往任何时候都负有更大的责任来推动整个律师行业的发展,来促进相互了解和相互学习。更重要的是:不仅要学习,而且要理解。因为了解,我们理解;因为理解,我们成长。

一如泰戈尔所言:"害怕平凡的人都是平凡的。"每一个有才华的青年律师总是在慌张中矫情着满腹经纶,期许在沙漠中瞬间开辟出一片绿洲。或许,我们追求的一生其实只是个谎言而已，还未入世就早已有出世的悲凉，仿佛早已习惯了把自己当作法律系统中的一个齿轮，握着冰冷的法条，把自己的道德准则完全而彻底地排除工作之外，成为一个十足的不关心道德的法律技术员。

"我们只能在水面平静的时候才能看得清上面的倒影，也只能在情绪无纷扰的时候才能看得清问题的本质。"随着时间的推移，当我们积案成多，猛然回头，突然发现所谓的成功只是虚伪的表象而已，越了解自己就越会发现，我们从未真正认识过自己。

罗纳德·德沃金说："当一个人意识到什么是好生活并自我追求而且是有尊严地追求好生活之时，他是在好好生活。"生活一定不能只是被不加省视的习惯牵引着在期待和回报的陈旧轨道上行进。"时间是每个人的十字架"，且以喜乐，且以永日。忠于本心，是为生活。

丘吉尔说："伟大的代价是责任。"的确，能力越大，责任越大。一个人对自己身负的责任感悟到什么程度，他的努力就可能达到什么高度。对于年轻律师来说，生命最好的状态就是不断地在被划伤的过程中修复和完善自己。"直到无意识意识化，它才会指引你的生活，你才会遇见你的命运。"

"狐狸知道很多事情，但刺猬知道一件最重要的事。"古希腊诗人的感慨对律师而言，最重要的就是："你会看到美好，只要向着明亮那方。"

《律师事务所》剧照　西德尼·波拉克执导　派拉蒙影业出品

影片速览

电影《律师事务所》改编自约翰·格里森姆的同名法律小说。从哈佛毕业初出茅庐的米奇幸运地得到了一家知名律师事务所的垂青,不仅谋得了好的职位,还获得了丰厚的薪酬,这给刚入职的穷小子米奇和其妻子艾比带来了极大的帮助。知恩图报的米奇决定大展拳脚,但他发现,一切竟然是糖衣陷阱。事务所的案件并非表面上看到的那么简单,除了离奇死亡的律师外,事务所更是和黑道有着千丝万缕的非法关联。年轻的米奇瞬间站在了人生的十字路口,是同流合污,还是勇敢地站出来冒着死亡的风险协助FBI?危机来临时,米奇心中已有了答案。

没有什么路通向真诚，真诚本身就是路

——没有捷径通向公平正义

"无眠卧听风雨,垂首春花满溪。"恬淡、闲寂、轻妙、温婉;仲春时节,樱开成云,瓣落成雨;春潮涌动,草木萌发,好一派十里春光!

很多时候,我们惯性的思维往往虚拟出想当然的结果,纵使眼见有诈,也佯装毫不在意。"影片将挑战观众,因为你无从分辨孰是孰非。"导演弗莱德的提醒,让我们在影片《失控的陪审团》中探究:如何持续、正确、安全地选拔和当好陪审团成员,是需要在这个明媚的春天认真思考的一个课题。

法庭是天然的影吧,在这个小天地永远上演着深不可测的大事件。法律影片往往充满着现实主义的"狰狞",让你在恐怖的同时,体会着身临其境的快感。一如保罗·伯格曼所言:"电影摄制者的技艺与律师——特别是法庭中的辩护人——擅用的手法并没有多大的差别。他们都要在非常有限的时间里,捕获到人性存在的蛛丝马迹,并引领着旁观者(无论是陪审团还是电影观众)以他们特定的视角来看待一段事情的经过。"

德肖维茨一直强调:"在权利尚未遭到侵害之前,我们总是将它视为理所当然,而当我们面临失去的危险时,我们才开始珍视它。"从天才的设计,到民主的象征,陪审团制度始终以最佳的姿态坚守住社会的正义和良知。

但"你以为那些普通的陪审员是所罗门王吗?不!他只是用着贷款的普通人,他一回到家就躺在沙发上等着有线电视给他们洗脑,这样的人丝毫也不会在乎什么真理、公正,更别说美国理想的真谛"。云根雷斯如是说。从"赢得"陪审团到"夺取"陪审团,陪审团制度早已被蹂躏得面目全非。这哪里是法律片,眼睁睁变成了"发生在法庭上的强盗片"。

杰斐逊很早就提醒:陪审团制度在维护民主所起的作用上,比选举权还要重要。陪审团制度是自由、民主的指明灯:能够被操纵的陪审团本身就是一种非正义,是对正义的一种羞辱。纵然最终实现了所谓的正义,但这种正义,早已不是司法的胜利,它的胜利一如高高飘扬的气球充盈了失败的泡泡,不小心触碰就瞬间爆裂。

"别再相信律师可以左右一切的鬼话,现实情况是得陪审团者得天下。"影片中,前台的交锋透露出幕后的尔虞我诈,例行公事的叙述惊悚出法庭伦理片无穷的张力。陪审团仿佛突然间变得既无意义,也无必要。

很多时候,权利是获得自由与公平的过程而非目的本身。制度存在的本意就是遵守，而非刻意的钻漏洞或者搞破坏。制度纵然有风险，但经验告诉我们，没有制度风险更大。纵使民主制度的外衣沾染了灰尘，但只要拂去灰尘，依然光鲜亮丽。然而陪审团一旦失控，正义就会像脱缰的野马踏入雷区，瞬间万劫不复。

一如托克维尔所言："实行陪审制度，就可把人民本身或至少一部分公民提到法官的地位。陪审制度不但是人民当家做主的有效途径，也是人民学习统治的最有效手段。正是得益于实行民主陪审制度，美国的法治精神才渗透到了社会的所有阶层。"在目前没有其他比陪审团更好制度的情况下，武断予以否定，或者一叶蔽目，都是极不负责的。陪审团的重要性，恰恰在于陪审团成员的平民化，以及对法律的无知。基于常识和良性，这种无知，就是一般民众对法律和指控的事实有着一种条件反射般的本能反应，放在法律对陪审团的规定之下都会做出的基本判断和把控。

纵有漏洞无数，但陪审团依然被看成是美国民主的基石。普通民众凭借基本的逻辑、经验和道德良知来判断案件事实与合理怀疑，反映普通民众所认可和理解的公平和正义，从而来纠正机械的诉讼程序和证据所可能带来的弊端，最大限度地预防错误判决的发生。

也正因此，影片中陪审团随机确定的取向，堆砌出外行决定内行的低级风险；陪审团成员的自由度，对比出案件复杂烦琐的当下。最不易受操控的陪审机制，在轻易的漏洞中沉沦，勾勒出物极必反的悲哀。

《失控的陪审团》剧照　加里·弗莱德执导　Epsilon 电影、摄政娱乐等联合出品

很多时候，布局无处不在。挑选陪审团成员往往是案件中最为重要的方面。找出并排除可能会对一方当事人心存同情或心存偏见的陪审团成员，已越来越成为审判过程的重要一步。但当我们的信息变得越来越透明的时候，筛选陪审团成员本身就成了一种利己主义的极致，人性的善良在金钱和利益的考量中瞬间沦丧。

风险无处不在，逆袭在刹那间闪现。貌似掌控的被告枪械商顾问蓝金，在最后的败诉时刻挥霍出应有的代价。从陪审团成员尼克和场外玛丽联手对原被告律师的敲诈，从被告枪械商陪审团顾问蓝金到原告代理人所谓的正义律师温道尔，为了胜诉全都倾尽所有、孤注一掷。是非在瞬间模糊，晕眩出无从分辨善恶的尴尬。

枪械，作为武器，可以防身自卫，也可用来行凶。"此前的案例，陪审团从未判决过枪械生产商要为谋杀案负责"，一如卖刀者无须对持刀行凶者造成的后果担责一样。如何一分为二地正确看待持枪自由与公共安全之间的关系，是值得我们深思的。

很多时候，像被告枪械商顾问蓝金一样的人不在少数，他们大张旗鼓地筛选和掌控出玩偶般的陪审团成员，将正义瞬间粉碎。他们早已不在乎良心，更不相信所谓的公平正义，不论法律还是陪审团，这个"自由的明灯，宪法的车轮"，只是胜诉链条上的一环，是他们赢得无数案件可以利用的工具罢了。

枪械商顾问蓝金在胜券在握中陡然败下阵来，他百思不得其解："你们怎样左右他们，怎么叫他们听你的话？""我们让他们依照良心投票。我不左右他人，只防止你作弊。"尼克如是说。

"花繁柳密处能拨开方见手段，风狂雨骤时可立定才是脚跟。"我们播下美好的种子，期许收获公平；我们播下善良的种子，期许收获正义。从浪漫主义的英雄情结，徘徊至现代主义的虚无意识，没有什么捷径通向公平正义，公平正义本身就是捷径。一如没有什么路通向真诚，真诚本身就是路。

只要走在明媚的春天里，总会与美好不期而遇。即使偶然抬首，也会惊艳感叹：

"不见方三日，世上满樱花。"

影片速览

　　《失控的陪审团》这部影片中，震惊全国的奥尔良枪杀案的受害人遗孀认为枪械生产商和杀手形同共犯，为了社会的安全，起诉枪械商巨额索赔。审判中，陪审团成员之一的尼克与场外的玛丽两人巧妙地操控着12名陪审团成员的投票结果，终获巨额赔偿。

世上唯一的新鲜事
就是不为人知的历史
——法律必将被信仰,唯有它才会保障我们

"车声上路合，柳色东城翠。"

万物生长，清洁明净，乱红飞絮，相对花无语。4月，以一种崭新的姿势摇曳出"祭如在"的规矩。祭祀也好，踏青也罢，需要一种仪式，"仪式"让人们有一种秩序感、规矩感，进而形塑出整个社会的礼制遵从和规矩讲究。

奥斯卡·王尔德说："只有乏味的人才会在早餐时才华横溢。"期望别人和自己一样出色是不公平的，很多时候，在城市的景观中，不少人往往努力得像幅画，可结果却如被敷衍的景象一般凌乱。一如影片《立体谎言》，一场意外，暴露隐藏的印迹，惊现出数十年监禁与缓刑的一步之遥。

"制片人对法律题材的热爱可谓是好莱坞最为持久的罗曼史。"唯有法律才能诠释出人性的本质，唯有法庭才能让光辉永恒。很多时候，最实际的问题往往也是最严肃的，看似普通的判决背后，往往暗藏玄机。刻意的完美往往披着蓄意而为的外衣。优秀的法律影片往往会成为社会法制变革的启蒙与先声。

影片《立体谎言》(City Hall)也译作《市政大厅》,通过讲述法官的违法裁判,揭露出美国政界染指法院判决的黑幕。副市长一探究竟的坚持,搭配全力以赴维护警察声誉律师的不懈努力,真相终于浮出水面。

很多时候,"运气就是一切"。有了运气,才可以有机会体现自己的实力,展现自己的才华。影片一开始就提醒我们:"来纽约,你能功成名就,也能一败涂地,全看运气如何。不愿碰运气的人,不该来纽约。"而运气,只是打开大门的钥匙,一探究竟的开端而已。

只有在法治之下才有真正的自由。法治的含义不只是政府以法律来治理社会,而且要求政府的行为在法律约束之下。很多时候,有些人一直用习惯向法律的"忍耐性"发起挑战,虽然有时候掩饰得天衣无缝,只是没有阳光照射罢了。一如天天闯红灯就是不出事,但"这回你闯红灯正撞上有人走过十字路口",于是该发生的早晚会发生,该发现的早晚会发现。事故成了必然,侥幸就是灾难。

一个法治社会的标志,对于老百姓则体现在:可以自由外出,享受娱乐,无所畏惧地走在林荫大道上。可以随时在公园聚会,大家相处其乐融融,孩童笑语不断,人们团结互助。假设走在马路上,存在被射杀的风险,所谓的安全就成了空中楼阁,所谓的法治健全也变得虚无缥缈。

很多时候,我们一直探究自己的颜色,往往武断地认为非黑即白。其实"拿颜色来做比方:这是黑色,这是白色,黑白之间是灰色，那就是我们。灰色很复杂，因为不像黑白那么单纯，不像黑白那么吸引人，但我们就是灰色"。市长的比喻完成了我们最后的定论。但灰色不好当，因为不像黑白这么简单，没有标尺无法定位出精确的经纬交织点。我们往往在用一生来寻找自己的坐标，却一不小心将定位锁定在大海中。

影片中无数的人物悉数登场，有的黑有的白，更多的都是灰。一如揭露市长黑暗的凯文，最后还是走上街头，参加竞选，开始拉选票，伸张正义竟然披着投机取巧的外衣。

《立体谎言》(《市政大厅》)剧照　哈洛德·贝克执导　哥伦比亚影业、城堡石娱乐出品

很多时候，我们发现人之为人的弱点，绝非"法治社会"就可以摒弃。市长强调和最高法官之间的"义气"是男人之间的情

谊、是荣誉、是人格。如果刻意地保持距离就是没义气，因为只有和敌人才需要保持距离。市长的定义，经营出东西方不谋而合的"苟同"，体现出早晚自毁前程的勾兑友情。

很多时候，"义气"异化成了相互勾结、营私舞弊的代名词，握手言欢的"义气"惊讶出至死方休的默契。真正的友谊，即使偶尔也会背弃，但出发点都是好的，知道有一条线是永远不能跨越的。实践中我们会发现，对于妥协过太多次的人来说，那条线开始变得模糊起来，在"义气"中渐渐迷失。

"观念的转变和人类意志的力量，塑造了今天的世界。"纵使心有千千结，但法律必将被信仰，唯有它才会保障我们，才能让我们走过暴风雨时昂首阔步。很多时候，不用法治思维，往往可能出现"用通向天堂的美好愿望来铺设一条通向地狱的路"。

很多时候，我们对心目中的偶像容不得一丁点亵渎，何况是一种诋毁。一如影片中，任何对史登法官清誉的一点诋毁，都是对所有人的一种伤害，因为史登法官的清廉是全国皆知的。一如市长警言：评判别人前要三思，尤其是朋友，不能凭一时断定人的一生。简单的答案是不够的，没有简单的是与非。很多时候，"人生不是砖头而是水泥，人生是连接砖头的东西，这种东西无法捉摸。"我们不能盯着过失不放，因为"过失不一定会成为错误，除非你拒绝拨乱反正"。

林登·约翰逊说："如何有效迅速地解决难题，其实只有一个秘诀：拒绝承担责任。"纵然人无法控制自己的下场，但必须有把逆境转为契机的耐心。一如影片中的市长感慨：我曾和你一样满腔热忱，有过梦想，也有过实现梦想的能力，就像我的前辈说过的一样，"中央公园死了只麻雀，我都觉得是我的错"。但壮志凌云的誓言终究抵不过过眼云烟的曾经。

诚如杜鲁门所言："世上唯一新鲜的事，就是不为人知的历史。"很多人和事，一如路旁的辛夷花般，开得热烈，去得豁达。我们正在分析的法律问题都具有交互的社会特性，要耐得住寂寞，经得起诋毁。

影片速览

《立体谎言》这部电影中，年少的凯文副市长辅佐老练的帕帕斯市长，整合各方政治势力，调停纷争，应对媒体，一切尽在掌握中。警察艾迪为了弄清毒贩提诺被判缓刑的原委，却意外枪战，击中了六岁的孩童，故事因此变得一发不可收拾，从保释官到主办法官，应当判处一二十年监禁却被缓刑，人人都值得怀疑。在层层剥茧下，疑问逐步清晰，这一切最后竟然指向了帕帕斯市长……

在虚无的面前,虚荣会显得多么虚弱
——在不幸的婚姻里没有谁是无辜的

"莺啼春去愁千缕，蝶恋花残恨几回。"

立夏后，草木葱郁、繁花似锦；偶有风起，湖光旖旎。山林间，小径旁，萝薜倒垂，落花浮荡；浓郁的苍翠扑面而来，堆砌得透不过气。最美的季节在一杯茶的时光里，观一部《消失的爱人》，期许在每一个婚姻案件的背后，剪切出爱情的完美背影。

"你在想什么？你感觉如何？我们都对彼此做了些什么？"很多时候，婚姻中有些人能感受到灿烂，而其他人则只是被日照而已。影片《消失的爱人》(Gone Girl)一开始就提出了婚姻里最重要的问题。

"我永远不会伤害你，永远。""他总是虐待我。"影片中女主角的矛盾，渲染出杀人于无形的极致。

电影让我们成为窥视者，透过银幕我们一览无余。本质上来讲，一个婚姻问题注定会演变成一个法律问题。而从法律的视角来俯瞰，任何婚姻都如此的不堪一击，虚弱得一如病入膏肓的胖子，只需轻轻一碰便瞬间倒地。

《消失的爱人》影片剧照　大卫·芬奇执导　太平洋标准公司出品

影片《消失的爱人》通过妻子艾米的故意失踪、媒体的大肆渲染和妄加揣测，瞬间揭露出丈夫尼克谋杀的嫌疑。刻意的"作案"现场，病态的爱恨交错，虚伪出从甜言蜜语到血雨腥风的瞬息万变。

Gone girl在我国台湾地区翻译为《控制》，用中文来注释英文，一如用含蓄的东方解释坦率的西方。很多时候会发现，用爱来好好生活的初衷，异化为用恨来体现自我的存在，用控制来获得所谓的安全感。

在观影中，每个人都将有所遇见，遇见那个似曾相识的自己。很多时候，婚姻问题看起来仿佛是法律问题，即使聘请最昂贵的律师，解答还是需要对人性的深刻领悟。在人性中许多尚未发掘的角落，作为人应该得到些什么，是照亮这些地方的关键性问题。

评价婚姻的标准从来不是完美、不是没有阴影和错误、远离卑下和怯懦、消灭权谋和猥琐，而是就整体而言，在特定历史时空中，它是否合乎情理地没有更好的替代。我们总是认为自己一方是所谓的受害者，一旦婚姻解除，昔日的花前月下变得深仇大恨，唯一维持的子女羁绊，也成了缠绕在伤口的最后一层胶带，在表面恢复的亲情上烙印出仇恨的深渊。

我们试图追寻婚姻法的真谛，期许在合同的规制下，坚守爱的永恒。从法律概念上来讲，婚姻保障不了爱情，能够保障爱情的只有爱情本身。真正的婚约中蕴含着对信仰的坚守、对神灵的膜拜、对责任感的坚持以及道德的原罪感。任何企图靠形式来捆绑住人类对婚姻的逃逸，注定是违反人之本性。一如吉莉安·弗琳的总结："婚姻就是互相妥协、努力经营，然后更加努力地经营、沟通和妥协，随后再来一轮经营。"凡入此门，妄念绝尘。

只有经历后才顿悟：婚姻更多的是一种朴素，而朴素是一种极致的美。很多时候，门当户对与志同道合之间仿佛隔着两个世纪。其实，这世界如露水般短暂，当我们看到了自己的责任，看到了对方的需求，真正的沟通才可以开启。

以"婚姻"超越"婚姻"，不是绕过"婚姻"把它送进围城，而是立足于"婚姻"的内涵本身来超越"婚姻"。其实，在婚姻的问题上，我们都是初学者，从来就不需要用他人的成功来定义自己的成长。一如任何法律和婚姻都不可能是一块玲珑剔透、洁白无瑕的美玉，而可能如同乐山大佛般，尽管水迹、霉斑、风蚀、残缺，但它仍令人肃然起敬。

当我们一股脑地推崇或鄙夷婚姻的美好时，我们自身是不是独立的个人？很多时候我们试图勾勒出一个时代的婚姻潮流与趋势，通过这个潮起潮落的过程，期许展现围城内复杂的思想内涵。竭尽所能后，我们发现自己很难坚持一件事，最重要的其实不是增强毅力，而是自己赶紧去获取一场两个人的胜利。而我们就在这种虚无的获胜中买醉、沉沦，直至永世不再轮回。

我们知道，良善社会的特征是保有相当程度的秩序、正义和自由。在这三者之间：秩序居首。因为只有在合理的社会秩序之中，正义才能实现。就西方的婚姻而言，过度的婚姻自由，犹如滥用枪支的自由杀死圆满的当下。

很多时候，我们对婚姻的"从一而终"已经像年代久远的美丽图画，色彩已经因日久而模糊。当今所谓的"自由婚姻"时代，不仅没有重新润泽图画的色彩，而且也没能保存其外在的形式和线条。如果我们承认"婚姻"的思想基调是重估一切重来的价值，很多人可能会在婚姻的极权制度中活下来，却无人能在当下无序的"自由婚姻"中幸存。

"电影往往不直接言及悲伤和寂寞，而是把那份悲伤和寂寞刻意表现出来。"悲伤中，"有些人能感受到雨，而其他人则只是被淋湿"。妻子艾米利用丈夫尼克的责任心和罪恶感来绑架和控制他，举着受害者的旗帜，把所有的罪恶推给尼克。

很多时候，坚强的背后是疯狂。真正的诚实，是不宽容自己的狡猾。很多时候，我们充分施展着自己的狡猾，来忽悠诚意满满的配偶。我们担心未知的将来，而不能专注于享受现在；我们在享受美的同时还受制于复杂的物质需要和心理欲求。我们早已习惯了把情感勒索披上爱的外衣，在恍惚间肢解掉完整的自我。

"是的，我爱过你。但是后来我们做的一切就只有相互怨恨，互相控制。带给我们的只有痛苦，这就是婚姻。"你最关心的人，最清楚你的死穴在哪里；你最亲近的人，往往伤你最深。通过影片我们会发现，不幸的婚姻里没有谁是无辜的。有一种战斗，没有胜利者。不论是敷衍塞责还是随波逐流，一个巴掌拍不响才是问题的根本。

凑合的婚姻值得继续吗？不忠的爱人是否必须得到教训？要知道，有人说爱你，其实是在无形中控制了你。他（她）的爱是魔咒，是一种无法抗拒的顺应。很多时候，命运馈赠我们的礼物，早已在暗中标好了价格。很多时候，婚姻的畅爽怡神或许只是一种意淫而已，虚幻得如江水中腾起的烟雾，偶有风起，迅即消散。

有些人，一别就是一生，一错就是一世。我们穿行在电影具体的符号里，也穿行在被时间修正过的记忆里。置身其中，人物是具体的，也是抽象的；是某一个人，也是某一类符号；是婚姻个体的真实感受，也是一种婚姻制度下的无差别折射。

婚姻是爱情的坟墓。"好像什么都没说，又好像讲尽了一切。"如果没有婚姻，爱情便死无葬身之地。对曾经的cool girl艾米而言，只有毁灭与自我毁灭才能够找到真实的自己。"两个人彼此相爱却无法经营婚姻，这才是真正的悲剧。"威廉·福克纳为此感叹：有时候我们并不太确定谁有权利去评判一个人是不是疯子。当我们感叹活着才是折磨，死亡才是解脱的时候，才能感悟婚姻誓言里"唯有死亡才能将我们分离"的真实含义。

时间如海，剪掉多余浪花。蓦然回首，真相在法律寻觅的尽头。诚如普鲁斯特所言："当我们不能拥有的时候，唯一能做的是不要忘记。"很多时候我们会发现：在虚无的面前，虚荣会显得多么虚弱。

游戏人生，却不得要领。在爱的面前，人性的扭曲与黑暗一览无余，破碎的人格交织出变态的爱恨情仇，爱情早已被那个叫日常的平淡碾压为一种常态。猛然回头，"哈德逊河口原来就是世界的尽头"。

在虚无的面前，虚荣会显得多么虚弱

《消失的爱人》剧照　大卫·芬奇执导　太平洋标准公司出品

影片速览

　　《消失的爱人》中，尼克和艾米是别人眼中的完美恩爱夫妻。艾米精心设计婚后生活的每一天，以此维系和丈夫的亲密关系，但生活却不可阻挡地越来越平淡如水……在他们结婚五周年纪念日当天，艾米离奇失踪！尼克通过媒体深情告白，疯狂寻找消失的爱人。然而，艾米的一本日记，却字字直指尼克是真凶。孰真孰假，真相何在？答案在法律寻觅的尽头惊现。

你若是离得足够近，
便会发现任何事物都有破绽
——《破绽》中我们看到的真相，
只是别人想让我们看到的真相

"风蒲猎猎小池塘,过雨荷花满园香。"

夏至时节,万物华实,自南及北,雨季渐盛,偶有残云收暑,转瞬烈日高悬。入岘首,芳草青青,花香袭人,溪上山涧,鸟鸣幽谷,偶有凉风拂面,送爽一季雅致。

影片《破绽》的美,一如盛夏的绚烂极致,每一刻都是热烈,在至阳的巅峰瞬间逆转。简单的电影情节勾勒出外遇妻子被工程师丈夫周密谋杀的精细。刑拘、批捕、起诉、审判,一切顺理成章,然而在简单的案情和充足的证据面前,控方律师仿佛并没有将被告人的那句"任何事物都有破绽"当回事。

的确,指控的证据确凿无疑,嫌疑人当场被抓、有罪供述、证人作证、杀人凶器,这一切仿佛板上钉钉,每一个都能直击要害,何况被告人还放弃聘请辩护律师。但当百战百胜的检控方认为一切顺理成章时,"破绽"出现了。被告人当庭翻供,关键证人罗布竟然是第三者,杀人的枪支无法确定,案情瞬间逆转,旁听者、陪审团、主审法官无不惊愕。行凶者逍遥法外,受害者只能在坟墓里哭喊，被告人单枪匹马打败了所有正义的指控。

貌似束手就擒，实则精心设计。一如英国诗人申斯通感慨："人们通常会发现，法律就是这样的一张网，触犯法律的人，小的可以穿网而过，大的可以破网而出，只有中等的才会坠入网中。"那么，本案中的被告人是如何破网而出？

叔本华早就提醒："每个人的内心都确实有着某种野蛮的兽性，一有机会它就张牙舞爪、肆意咆哮，就会伤害他人。"从优雅睿智、处变不惊到嗜血成性、杀人如麻，从不动声色的追踪到若无其事的枪击，一如平日专门研究断裂力学工程的严谨作风，被告人特德总能找出任何体系中哪怕是最细微的过失与缺点。也正因此，他用一种表面的不完美，机械般地完成了完美的谋杀。

但即使是最完美的谋杀也一定有破绽，并一定会露出破绽。因为"对一件事太过于执着的时候，就是你露出破绽的时候"。破绽就在貌似完美的缝隙中呈现，"日中则昃，月满则亏"就是最基本的真理。

罗杰·伊伯特在《伟大的电影》一书中感慨："我们生活在一个时间和空间的盒子里，电影则是盒子上的窗口。电影允许我们进入他人的精神世界——这不仅意味着融入银幕上的角色，也意味着用另一个人的眼光来看待这个世界。"诚如所言，透过影片，我们的真诚和邪恶都会在某一个主角的身上体现，在黑暗的观影中膨胀出欲望的无边界，泄露出既是天使又是魔鬼的双重人格和复杂人性。

老套的故事情节也可以开出惊艳的花,"鸡蛋似乎无缝,只是因为没有仔细观察"。很多时候,只是时间早晚的问题,瑕疵总有一天会变成致命的弱点。那些看似证据确凿的案件,往往会在最虚弱的地方留下致命的漏洞,只需轻轻一点,便能在无罪推定的法网中轻身而过。

很多时候,仲夏是一本很感伤的书,我们想看到的真相,可能只是别人想让我们看到的真相。我们获得的信息,都是刻意被加工整理过的信息。我们作出的无罪判决,有些只是迫不得已的虚假结论,但绝非谎言和事实的颠倒黑白。我们要推倒无知和狭隘的墙,因为没有什么必须要保持原样。

从"毒树之果"到"无罪推定",仿佛每一项制度都如此地放纵犯罪分子。关键时刻,即使胜诉欲望无限的检控方,也没有利用虚假证据来作为翻盘的筹码。没有了物证枪支,指控注定虚妄。但不论是控方还是辩方,"无罪推定"原则永远是我们共同信奉的至上信念。每一个因证据瑕疵而逍遥法外的坏人,都闪耀着"绝不冤枉一个好人"的光芒。

只要看得足够仔细,就会发现每个东西都有弱点,迟早会露出破绽。"没有被你看出破绽,是我最大的遗憾。"被告人特德凭借法律和司法体系的漏洞,将一大帮法律人士玩弄于股掌之中,切割出无罪推定脆弱的断面,夸张出美国法律正义的虚伪。

我们不能总认为，无论谎言如何的精致，到最后真相总还会追上你。真相留给我们的时间不多，当我们因证据轻敌，证据就是我们最大的破绽；当我们为生活所迫，生活就是我们最大的破绽。作为法律职业共同体，我们要清醒地认识到："就是一个坏掉的钟，一天也会准时两次。"

正邪双方的心理博弈优雅出"犯罪美学"影片脑洞大开的精致。原本没有悬念的法庭审理，瞬间颠覆成被告人完美演绎的舞台。不是因为年轻的公诉人遇到了老奸巨猾的被告人，而是因为我们总在寻找对方的破绽，一旦被抓住纹路细微的裂痕，完胜和完败将会在瞬间逆转。

世上根本就没有完美，不完美才是真正的完美，没有破绽的人生注定是虚妄的。之所以我们一再探究完美，也只是我们的自慰寻求，在尝试用不同的方法问同样的问题，直到有想要的答案方才罢休。

从英美法系的"排除合理怀疑"到大陆法系的"内心确信"，无非都是为了最大限度地确保每一个受到指控的被告人不受冤枉，让每一个凶手都能绳之以法。纵使法律的不公和正义的缺席仿佛成了常态，但这恰恰就是追求正义所必须付出的代价。因为从"法律真实"到"客观真实"，我们一直在路上。

影片让我们深思：事业完胜的人生到底是为了什么？拥有体面的工作和安逸的生活，却依然走不出迷茫的沼泽地。欲望和贪婪或许就是人类的原罪，此消彼长才是生命的本真。你愿意在原地停留，还是迈步向前？有多少可以失去，又有多少可以得到？若你毅然前行，那是向左转还是向右行，抑或向后转，也许未必。其实"人生最苦痛的是梦醒了无路可以走，做梦的人是幸福的；倘没有看出可走的路，最要紧的是不要去惊醒他"。

米沃什感慨地说："只要活着，我们就在追逐，无论是幸福，还是不幸的人。"很多时候你错过了就错过了，这就是规则。或许走到一无是处的尽头，一个只有等待的地方。人们在此等候火车渐行，等候巴士进站，等候飞机远航，远方的来信，倾盆的大雨，响起的铃声，纷飞的大雪，或等待一个答案，或等待一次机会。

天网恢恢，疏而不漏。法律虽有漏洞，但任何犯罪都有破绽，再完美的谋杀伎俩都披着终将可破的外衣。一如休尼特强调："正义可能会迟到，但从不会缺席。"凶手特德在利用第一个"破绽"故意杀人未遂证据不足被释放后，还是忍不住露出了"破绽"，他拔掉了植物人妻子的输液管，这次的谋杀罪证据确凿，从妻子头颅中取出了那颗足以定罪的子弹。也因此得以突破"一罪不受两次审理"的原则，控方再一次将凶手特德送上了法庭。

"你若是离得足够近的话，你会发现任何事物都有破绽。"影片中特德用自己的话给自己做了总结。"电影和人生，都是以余味定输赢。"小津安二郎如是说。

不论怎样，仲夏季总以绚丽的色彩饱和出充盈的热情，奔放出收获的喜悦。任何时候，当你学会爱自己时，优秀便触手可及！

《破绽》剧照　格利高里·赫利特执导　新线电影、城堡石娱乐出品

影片速览

《破绽》这部电影中，工程师特德因为妻子出轨，冷酷地枪杀了妻子。前往出警的警官罗布恰好是第三者。在年轻的检控官威利看来，特德的罪行如此清晰，且主动放弃辩护律师，指控成立是轻而易举的事。但一切事与愿违，特德利用一切的漏洞，最终竟然无罪释放。

说出真相,才是拯救的唯一出路
——你以为你以为的就是你以为的吗?

"凤凰山下雨初晴，水风清，晚霞明。一朵芙蕖，开过尚盈盈。"

盛夏的荷花在烈日下一尘不染。偶有暗褐枯干，脉络依旧清晰，期许着他世重生的希望。从冬到夏，轮回本身就是一种生命的延续，唯有满目苍翠方能如此强烈地感知季节的更替。难怪博尔赫斯感慨：死亡是活过的生命，生活是在路上的死亡。你不过是每一个孤独的瞬息而已。

很多时候，我们把充满生机的生活不小心过成了一潭死水。豁然间，抱着自私自利的心态挑战社会道德的底线，孤独出胜利的绝望，最终在窒息中死亡。

摆脱乏味生活的最好方式之一，就是看一场有意思的电影。有些影片繁华、精致的悬疑背后，隐藏着外人难以察觉的阴郁和沉沦，譬如难得一见的西班牙影片《看不见的客人》，虽算不上特别高明缜密，但不妨碍故事讲得足够精彩。

> 已阅：光影中的法律与正义

《看不见的客人》剧照　奥里奥尔·保罗执导　Atresmedia Cine公司出品

　　为什么我们看到的影片都是导演的设计与安排，却还是死心塌地地选择相信银幕世界所呈现的种种真实与虚构？斯蒂芬·普林斯在《电影的秘密》中早就总结说："电影作为媒介依赖于电影人和观看者之间的契约而生效，这两者共同创造了电影体验。之所以能够对一部电影做出回应并试图理解，是因为能够将自己现实生活中视觉化、个人化及社会化的经验和对于电影的传统和风格的了解注入观影体验中。"

　　影片《看不见的客人》讽刺了置妻儿老小于不顾的男主角安

德里安，飞蛾扑火般投身于人人鄙斥的婚外恋。这种老套却永存的情感，或许只有当局者才可以看透和说清楚。

片名 Contratiempo，这个西班牙词带有"意外灾祸、倒退、逆流"的意思，台湾地区版将其译为《布局》。仁者见仁、智者见智，丰富的汉语博大精深，从《看不见的客人》到《布局》，迥异的片名立体阐释出意译语境下汉语言哲学般的禅意。

从逻辑推理到哲学思维，从信仰到思想，价值混乱已经不是最严重的问题，更严重的是思路混乱。难怪朱利安·巴吉尼总结说："你以为你以为的就是你以为的吗？"绕口令般的语言悬疑着爱玩反转的特技，勾勒出语言逻辑优美的曲线，瞬间惊裂出瞠目结舌的唐突和意外。影片的冲突在每一次或许有的瞬间递进，情绪化的推测往往直抵意淫的死胡同。

了解真相就不能放过细节。影片中代理律师"注意细节"的提示，暗含洞察一切的能力和决心。"细节"始终是控辩双方共同的武器。细节增加可信度，"仁慈的上帝寓于细节之中"，谜底最终会被细节揭露。律师职业常常渴望这样的时刻，也常常面临无法言说的沮丧。表面上坚挺的立论，在细节中轰然坍塌。

影片这种循序渐进的烧脑，来来回回、反反复复的折腾和重复回放，仿佛每一次都是理所当然，每一次都是真实的存在。殊不知观众已经在表意的引导中丧失了一切判断能力，最终匍匐于惊讶的结局之下。

貌似一切为当事人着想，刻意掩盖肮脏的真相，龌龊出道德沦丧的边缘，难道这就是所谓场场胜券在握的"大律师"做派吗？其实这种刻意的反转，虚实交错，暗潮涌动，步步紧逼的质询反而使人脑洞大开，色调逐渐变冷的整个画面，虚幻出无数可能的存在。

越过沉默的荒野，攀登不信任的悬崖，经历敏感的丛林，影片处处伏笔，层层反转，一步步接近真相。男主安德里安带有主观色彩的回忆本身就带有一定的欺骗性，通过律师这样一个客观的外在观察者，层层拨开藏匿于安德里安谎言背后的真相。

我们无法回到过去，也无法判断真假，虚假的答案往往就隐藏在故事本身。当事人的每一次回答，往往透着探测的用意，在虚假的瞬间将真实蒸发，徒留满地毫无价值的答案，记录于沉甸甸的案卷，尘封于密封的档案室内与世隔绝。或许，我们所能做的，唯有用心体验当下的每一个瞬间，捕捉那稍纵即逝的真实划过天际。

影片大量的律师与当事人之间的访谈式对话，展现出脑洞延续的极致。恶意的栽赃嫁祸，瞬间的背叛反目，人性之恶在惊恐未定时展露无遗。若要人不知，除非己莫为，每一个恶行的背后，都有一双锐利的眼睛在凝视，"看不见的客人"永远看得见你的一切所为。

片中律师的咄咄逼人、步步紧逼，当事人的一丝不苟、逻辑严密，过招中把错误推给对方，真正的道高一尺魔高一丈。精准的点穴，直插要害，交织出人性的复杂与谎言的精妙，凸显出"细节处见成败"的大师风范，"罗生门"般叙述出各色版本的答案，将观众的智慧刻意拔高，在极限的瞬间崩塌落地，溅起真相的水花无数。

什么是真相？什么是谎言？往往虚中有实，实中有虚，浓浓的真相往往飘着淡淡的谎言味道，人性在问答中慢慢沉沦。案中案，谜中谜，故事不断反转，每个人都在挤压变异中迷失，猛然发现似曾相识的丑陋和肮脏。"自作聪明的往往一败涂地，不动声色的才能笑到最后。"很多时候，刻意地隐瞒真相本身就是无用功的涂色剂，笑颜旁观也好，真心坦陈也罢，怎样才是最好的立场和出发点，是我们需要思考的初始。

很多时候我们和真相只差了一个拐角的距离，揭露真相往往都是虚妄的举措，需要付出高昂的代价，接受假象或许才是生活的常态。我们误以为生活本该一丝不苟、严丝合缝，本来就应该客观真实，回过头来才发现，其实"真实"只是无数误差和假象交织中的碰巧完美而已。

"没有痛苦就没有救赎。"很多时候，痛苦是救赎的必经之路，我们所谓的痛苦都是痛快的虚假表象。对于一个绝对的利己主义者，一个拼命地隐藏真相的商界精英，真正的痛苦才是心灵救赎的开始。

卢梭早就提醒：人之所以走入迷途，并不是由于他的无知，

> 已阅：光影中的法律与正义

而是由于他自以为知。很多时候，细节一直就在你的眼皮底下，但你先要换个角度去看才可以发现。很多时候，人性善恶的更替往往在一念之间。很多时候，生活早有暗示，一切原本有迹可循。

一如约翰·洛克所言："你担心什么，什么就能控制你。"说出真相，才是拯救的唯一出路。

《看不见的客人》剧照　奥里奥尔·保罗执导　Atresmedia Cine公司出品

影片速览

在《看不见的客人》电影里，安德里安事业蒸蒸日上，家有贤妻乖女，然而事业家庭双丰收的安德里安却和女摄影师劳拉长期保持着婚外情。某日幽会过后，路上发生车祸，为了掩盖真相，两人将撞死的丹尼尔连同汽车一起沉入湖底。之后，劳拉遇见了一位善良的老人，老人将劳拉撞坏的汽车拉回家中修理，突然发现竟然是丹尼尔的父亲。之后的老两口开始了寻找谋杀嫌疑人的漫漫长路，甚至易容为律师，直至最后将真凶缉拿。

心灵的救赎才是真正的救赎
——《绿里奇迹》让我们顿悟最深切的痛苦本身

"草长荒三径,残花落地新。"

立秋只是秋潜入夏的卧底,依旧披着盛夏的外衣,只是在早晚偶尔露出秋的底色。

是日清晨,微云浅抹,汉水蜿蜒曲折,千山黛色清洒。微风中携着山气与云露,时狂时缓,在绵延起伏的群山间,刹那出绚丽的光芒。

午后,天高云淡,观一部三个小时的影片,除了影片本身的精彩,其实考验更多的是人的生理和心理。影片《绿里奇迹》(*The Green Mile*)采用倒叙的方式讲述了一位老狱警保罗的回忆,记忆中每一个通过"绿里"走向生命尽头的死刑犯都鲜活明亮地展现在观众眼前。影片用光明的语言深入黑暗的中心,让我们顿悟最深切的痛苦本身。

监狱、囚犯、狱警、落日、审判、执行,黑暗和阴森的灰色调,凝重的质感掩饰不了微微闪烁的希望之光。影片写实主义的描述,始终充斥着魔幻色彩,每一次的感动充盈着每一个凝固的

《绿里奇迹》剧照　弗兰克·德拉邦特执导　华纳兄弟影片公司出品

瞬间，独辟出人性的蹊径，怨言在流淌的深处早已消失殆尽。

影片中的每个人都用着不同的形态在释放着人性，自然间完成了自我救赎。就像通往电椅的绿色走廊，犹如一条通往人性的救赎之路，从生前的喧嚣到死后的沉寂，所要跨越的仅是一英里长的绿地，但它更像是一种重生，抑或一个新生命的开始。

冯·李斯特说："刑法既是善良人的大宪章，也是犯罪人的大宪章。"几百年来，死刑存废之争一直经久不息，警醒着我们在刑法执行的时候更需要考虑犯罪人的权利。纵使"以血还血，以牙还牙"，也只能在报复的快感中虚脱。很多时候我们会发现："杀人凶手就是最亲近的人，这个世界无时无刻不在上演着。"

"死刑，是一场国家同公民的战争。"统计学之父凯特勒说，

"是社会制造了罪恶，有罪的人仅仅是执行罪恶的工具。绞刑架上的牺牲者从某种意义上说，是社会的赎罪牺牲品"。当一个人明确地知道死亡的时间，该是怎样的一种心理？或许任何人都没有权力对另一个人执行死刑，因为那样做与杀人无异。尤其是当明知是无辜生命的时候，行刑与否的确是对人性的考量。当年迈的保罗生活在一种永生的恐惧中时，或许正是一种对刽子手当初无动于衷的报复。

死亡并不是诅咒和惩罚，生命的美在于它的有限性。从古埃及的金字塔到弥尔顿的《失乐园》，人们总是尝试着用最辉煌的文明成就延续永生的辉煌。但死亡是我们共同的宿命，是生命中最需要直面的失去。

有些影片只能在内心流泪，它用最轻的触角触及内心最柔软的部位，将坚硬的外表感动得一塌糊涂。影片中，时时刻刻的热泪伤痕对比出流泪天使强大身材的柔弱和善良。我们见证了天使的善良、纯真和爱，也窥见了人性的丑恶与黑暗。为什么科菲的眼里浸满泪水？那是因为他每一天都在感同身受我们的痛苦和悲伤，他助人为乐，治病救人，惩治坏人；他的爱过于宽容，心中仍然只有对人类的爱而没有任何怨恨，一如大海，接纳和同化掉一切污垢。

对于真正的死囚来讲，也许离开这个痛苦的世界是救赎也是释放。每一个死囚的内心或许都藏着一个善良的百宝箱，没有绝对的善人，也无绝对的恶人。如何在邪恶的魔法施展开之前打开善良的百宝箱？对此，刑法制裁是一回事，而人性的展现则是另一回事。

心理学家早就总结：我们世界观的各个方面，差不多都是由我们对死亡的对策来激励的。"死亡，是最后的敌人。"假如没有死亡，我们会不知所措。

活着与死亡的距离有多远？在这条通往善与恶的"绿里"道路上，有着人性的光辉和丑恶，同时交织着愚蠢和善良、悔恨和折磨、同情和无助。心中有光明，处处是神迹。哀莫大于心死，心若死一切必将归于沉沦，剩下无止境的黑暗。"我见过你，你在黑暗里徘徊""我们在黑暗中找到了彼此"。

人类一直惧怕死亡，梦想着永生。一如保罗多年以后，所有最亲爱的人——离去之后，他却不得不孤独地活着，在寂寞中思念过往的曾经。诚如所言：当死亡成了一种奢望时，永生其实就是一种诅咒。

影片带有浓浓的魔幻色彩，它让整个故事在人性的基础上，又增添了几分神性。悬疑的情节铺排出登峰造极的美，时刻的纠结委婉出道德困境的疑惑，善和恶的交锋在瞬间凝固出泼墨的人性地图。"那个人利用她们对彼此的爱杀了她们。每天都是这样，世间的痛苦我感同身受。"科菲从不畏惧死亡，甚至把死亡当成是解脱，他对想救他的保罗说："我累了，我像孤鸟一样飞，没有人告诉我何去何从，我不想再看到尔虞我诈，这世界上的痛苦太多，像玻璃一般无时无刻地刺痛我。倘若这世界上真有一个人同时背负了所有人的罪恶，这人该多痛苦啊，而我就是这个人。"

一个无罪的人被送上了电椅，用生命偿还他并没有犯下的罪。天使科菲是否活下来早已不重要，尤其是当我们无可避免地走向死亡时，是像科菲一样追求死亡质量，还是在恐惧中痛苦地死去？死因瞬间成为我们致敬的唯一理由。科菲无法去挽救痛苦，所以选择离去。狱卒的眼泪是对他最好的祭奠，科菲也得到了他想要的，他得到了解脱，也惩罚了坏人。

我们需要直面的终极失去，就是失去自己仅有一次的生命。存在主义大师欧文·亚隆说："你越不曾真正活过，对死亡的恐惧也就越强烈；你越不能充分体验生活，也就越害怕死亡。"

可见，对死亡或者说生命有限性的直面，是我们对生命最深的谦卑和臣服。

很多时候，自私的冷漠与仇恨真实出人性本恶的冰山一角，在邪恶的海底里蔓延开去。我们早已丢失了人性的善，在堕落的社会与失重的财富下沉沦。或许某些触动让我们思考，让我们在人性的背后寻找遗失的美好；或许天使真的来过，只是我们亲手毁了天使。

"拒绝死亡是通往一切罪恶的桥梁。"就像希腊哲学家伊壁鸠鲁所言："对死亡的恐惧是很自然但又非常不理智的事情。因为我们在的时候，死亡不在；而当死亡在的时候，我们不在。所以我们活着不应该是为了死亡。"对此，霍金曾感慨地说："如果我们已经抵达终点，则人类精神将枯萎死亡。但我们将永远不会停止：我们若不更加深邃，定将更加复杂。"

"高尚是高尚者的墓志铭，卑鄙是卑鄙者的通行证。"从以鼠为友的德拉克到连环杀人狂的威廉，从负疚深重的彼特到平和谦卑的科菲，从罪孽深重到迷途知返，善恶聚焦出人性或许有的底片，曝光出灰暗的中性色调，堆砌出人性的满目疮痍。"绿里"上的人们用自己的灰飞烟灭，实现了各自生命的重要跨越。

每一个生命都应得到尊重。即使是死刑犯，也有他最后的尊严，报应在每一个不尊重的过程中得到应验。面对近在咫尺的死亡，囚犯们对美好、对丑陋、对罪恶、对善行、对生命的敬畏，对周围的一切都有了全新的思考。当一切了结，"他已经偿还了他所犯的罪恶了，不欠谁什么了"。

人心是无法隐藏的。很多时候，我们早已迷失，早已麻木，早已习惯了固有的概念和推定。迟钝的味觉感染了心灵的嗅觉，污秽了整个初秋。很多时候，我们不经意间过成了自己最讨厌的样子，虚伪成了世故的代名词，面具成了时尚的护身符。但永远要相信：人性的光辉纵使微弱，点亮温暖就在一瞬间。

惩罚、救赎、忏悔、美好、丑陋、罪恶、善行、奇迹、扼杀、宿命、死亡、正义、信仰……这些词汇都难以道尽人生。死刑，关注比评判更重要。影片中的死囚热爱生命，珍惜朋友，忏悔赎罪。从肉体到心灵，我们从来没有过真正的死亡教育。或许科菲就是背着上帝过河的圣克里斯多夫，为什么这么重？因为背负了人世间的所有苦难。

痛苦是一种领悟。而爱是一种能力，超越生命而存在。心灵的救赎才是真正救赎的开始，当悲情的科菲用海水般的爱接纳所有的坏，净化着白纸社会中浸染的墨迹，不经意间将冰冷和黑暗消融。他体会着人世间所有的痛苦，感受着人们利用相互之间的信任和爱而互相伤害，日复一日，深刻而绵长。我们如同杀死救赎我们的黑巨人科菲，杀死了救赎本身。幸好为时不晚，当最后的审判来临前，每个人都还有机会去审视自己对于这个终极问题的答案。

希望是痛苦的根，痛苦是觉醒的药，没有痛苦就没有希望。很多时候，压抑的快感需要释放。影片中的无数细节，尤其是这种观看时隐隐的痛，碰触着你的神经末梢，释放出煎熬的快感，蒸发出桑拿般的愉悦和兴奋，让人在虚脱中瞬间心灵休克。

"时间掌控着一切，不管你是否愿意。时间掌控一切，消磨一切，到头来，只有黑暗。有时候，我们在那片黑暗中发现了什么人，有时候，我们又在黑暗中失去他们。有时候，你是无法给别人帮助的。有时候，甚至最好连试都别试。"有时候，拯救和诅咒之间或许根本没有任何差别。

残阳西沉，涂抹出最艳丽的色彩，勾勒出无限的浪漫，惊艳两岸。很多时候我们要坚信：面前永远有一个未来！因为已经见过光，便不觉黑夜漫长。很多时候，永恒是很长的时间，特别是对尽头而言。

已阅：光影中的法律与正义

《绿里奇迹》剧照　弗兰克·德拉邦特执导　华纳兄弟影片公司出品

影片速览

在《绿里奇迹》电影里，冷山监狱E区有一片地板是绿色的，被称为"绿里"。这段"黄泉末路"一头连接着死囚监舍，另一头便是行刑用的电椅。监区长保罗早已习惯了走过"绿里"将罪孽深重的死刑犯送往电椅，直至有一天，体形硕大的黑巨人科菲的到来改变了一切。杀人犯科菲虽人高马大，却敦厚敏感，时常泪流满面像个孩子一样怕黑，但他似乎还具有一种不可名状的神秘力量。究竟他是罪有应得还是因冤入狱？影片在一开始就已经有了答案。

生命不能承受之轻
——哪怕输了也是倒在正确的一方

"柿叶翻红霜景秋，碧天如水倚红楼。"

白露过后，天空湛蓝得让人无法呼吸，是真正的秋高气爽。大地一片金黄，空气中散发着淡淡的桂花清香，绚烂的姿色中摇曳着仲秋的收获，每一次对秋的解读都显示出旁白者的个性十足。"生活就是这样，好像什么也没发生过，又好像什么都经历了一遍。"当亲情在理性的法庭上碰撞，耀眼的火花注定要付出沉重的代价。

当电影从法律中汲取养分，找寻到灵感，就在更高的层次上洗刷了其出生于市井街头所沾染的轻浮。法庭剧本来就已经将人性的善恶展露无遗，一旦控辩双方分别是血浓于水的父女，亲情与法理，瞬间将对立推向极致。

保罗·伯格曼在《影像中的正义》一书中感叹：法庭审判往往浓缩了人类的种种冲突，迫使那些彼此对抗的力量进行正面的交锋。我们是否有能力，以及在何种程度上，对过去所发生的事件做出某种客观而真实的评断？我们会发现，并非只有那些毛骨悚然的刑事审判电影才能体验刺激，反而从那些民事审判的影片中获得的乐趣更激动人心。

诚如所言,《审判终结》就是此类民事审判影片中的佳作。影片"Class Action"直译《集体诉讼》,片名又翻译为《法网雄心》或者《审判终结》,不论哪种译法都很难准确定位出影片丰富的立体脉络。影片讲述了作为原告消费者诉讼代理人的父亲和作为被告汽车生产商诉讼代理人的女儿,在一起生产危害乘客安全的车辆造成消费者伤害的案件代理过程中所产生的冲突,父女律师暴风骤雨般的争论不休,造成强烈的矛盾冲突。

父女之间的纠葛比父子之间往往更多了一层亲密的坚决,这种纠葛一旦摊在母亲面前,手心手背的取舍造成无以言表的难堪。拒绝退出代理的女儿,瞬间将母亲的期望推向深渊。拒绝退出并非单单有晋升合伙人的可能性,而在于从小对父亲的反感和厌恶,一定要通过诉讼打败父亲,斗败民众心目中的"伟大"律师。

有些事不到迫不得已,往往没有回头的可能。攻防互换,咄咄逼人,精准发问,每一步准备充分,每一次丝丝入扣。当庭审中辩论的火药味浓烈得睁不开眼,当针尖对麦芒的冲突瞬间凝固,一切的法庭秀都注定是虚妄的。

制片人对于法庭审判的持续热爱可谓是好莱坞最为持久的"罗曼史"。西方观众对于法庭剧有着一种经久不衰的偏好,那些在法庭上娓娓道来的辩护律师们,凭借着对法律和人性的洞察,在近乎绝望的逆境里,辩出一片天地来。

生命不能承受之轻

《审判终结》剧照　迈克尔·艾普特执导　Interscope Communications、二十世纪福斯公司出品

　　冲突、对抗、悬念无处不在，挑战貌似不可战胜的对手。但很多时候，我们不能忘掉弱者的生活，不能没有了心灵和灵魂，只剩下对物质利益的追逐。一如阿莱克斯·柯金斯基大法官强调："公正的审判展示了一种令人神往的可能性，即小人物能够向大家伙发起挑战，并且最终战胜他们——因为头脑、才智以及正义远比金钱与权势更有价值。"

　　对成千上万的车辆使用者来讲，仅存在少部分有潜力的消费者会提起赔偿的诉讼请求。即使败诉，该部分的赔偿总额也远远低于完善车辆存在的安全隐患所投入的必要资金。权衡利弊，生产商无疑会选择应诉，因此可以拾到最多的豆子。

车辆是否存在质量问题，是否达到并超过了联邦安全标准，成了基本的判断标准。当女儿作为被告律师得知工程师有不合格的测试报告后，他对汽车公司的信心开始动摇。但不论怎样，绝不应当同时代表冲突双方的利益。当我们明知存在问题的情况下，是否依然坚持己见？有时候你要学会度过艰难的方法，因为你不是唯一夜里睡不着觉的人。

任何时候我们都要在法律条文允许的范围内坚守底线，哪怕输了也是倒在正确的一方。所以我们冰封起自己的感性，在冰冷中僵化自我，直至最后一刻。有些时候，我们持着维护委托人最大利益的理由，故意搬弄是非把问题混淆在一团乱麻中，直至无法厘清本来面目。

发问的技巧让我们沉迷于道德的、伦理的或者策略的陷阱中无法自拔。东拉西扯的手段，试图把水搅浑，以此混淆视听。但我们会发现，只有对方在最适当的时候索取最恰如其分的东西，律师们才有可能将一些己方的信息让对手过目。那种"要求告知"的法律规定，仿佛永远停留在理论层面。

一如莱茵霍尔德·尼布尔所言："爱是动机，而正义是工具。"父女亲情瞬间被案件分割，被真相所威胁。从理想主义到实用主义，显示出代沟的高深和玄妙，在形而下的追求和梦想中前进。

"替罪羊"成了父亲的代名词，从考试失败到任何的差错，甚至把整个生活都用来赌气。或许，我们需要用一种新角度、新视野来理解父亲，其实我们随便找一个切口进入，就会发现父亲的伟大。

我们一路奋战不是为了改变世界，而是为了不让世界改变我们。母亲的离世是父女和解的开始。从公益诉讼到单打独斗，从公开宣战到选择隐忍，每一次抉择都是真正的勇士之举，纵使螳臂当车、杯水车薪，也要抗争到底。

纵使"就像鲨鱼长牙齿，一排又一排没个完"，但留下来所得到的远比失去的多得多。很多时候，是否原谅的选择权在于自己。我们会发现：真正的生活就是从当下开始，从残缺中寻找圆满，在苦难中寻找幸福，在流泪中寻找回家的路。

在这个复杂的现实社会中，没有人一尘不染，每个人都有自己要负的责任。法律人势必以追求法律的精神和价值为根本，维护和争取正义是法律人的信念和决心，正义的法律是对我们行为的一种客观评价的要求。那些勇敢无畏"为公共利益向垄断行业挑战"的律师们，或许是法庭中最后的圣斗士。

我们经常为了推脱和逃避无法面对的后果，而告知当事人已经尽力了。实际上是否尽力，只有律师自己心里最清楚。我们面对诉辩交易，往往举着维护当事人最大利益的旗帜而妥协，却不愿意冒险和探究事情的真相，甘愿让真相在我们面前搭乘谎言的快车迅速消失在搜寻的尽头。

已阅：光影中的法律与正义

我们极力抗辩，想早日摆脱平庸，早一天就多一份人生的精彩，迟一天就多一天平庸的困扰。于是乎，所谓的有效辩护不过是不想全力以赴的托词而已。很多时候，总以自己所谓的法律内行人来判断人性的根本，往往偏离甚远却依然固执己见，早已在追逐利益和维护正义之间迷失沉沦。

"太阳强烈，水波温柔。"当我们正在为生活疲于奔命时，生活已离我们而去。是做一只静观天宇而不事喧嚷的莲花静默绽放、对月吐香？还是做一棵傲立挺拔的雪松顶天立地、正义凛然？很多时候我们会发现，原来"每个人都有一堆脏衣服"。

"当华美的叶片落尽，生命的脉络才历历可见。"很多时候，把民事诉讼拉开一条小缝，从中可以瞥见法治的永恒。其实，生活的艺术，有时就是一门留白的艺术。

《审判终结》剧照　迈克尔·艾普特执导　Interscope Communications、二十世纪福斯公司出品

影片速览

《审判终结》讲述了作为原被告诉讼代理人的父女二人,因为一起控告汽车生产商故意出产危害乘客安全的车辆而对簿公堂。父亲作为专门为公共利益案件中弱势群体打官司的原告律师,女儿作为汽车生产商的代理人希望借此案件成为律所合伙人。双方在法律观点、职业选择和家庭问题等方面展开激烈辩论,影片最终以生产商巨额赔付、父女和解落下帷幕。

# 时间,是每个人的十字架
——父子之间,空白也是一种色彩

"清溪流过碧山头,空水澄鲜一色秋。"

暮秋时节,色彩斑斓,每一片飘落的银杏都带着金黄的惆怅,轻叹着美景易逝的忧伤。偶有凉风掠过,吹皱满江秋水。远望,坚毅的铁桥切割出彩色的轮廓,在江面写意出凡·高的抽象。

秋天是伤感的季节。我们总是那么不小心,不小心伤了亲人的心,不小心翻了友谊的船,甚至不小心弄丢了故乡。生活在固化的城市,混凝土早已砸碎了故乡的梦,剪断了乡愁的脐带。遗忘,成了本性,仿佛不这样遗忘,便难以飞得更高走得更远。一如影片(*The Judge*)《法官老爹》中离开后一直没有返回故乡的律师汉克。

如果一名律师有着一位法官父亲,该是怎样的一种状况?《法官老爹》另类解读出不一样的答案。影片讲述了玩世不恭的精英律师汉克返乡参加母亲葬礼,故乡的美景和旧日的一切历历在目,但和法官父亲之间形同陌路的状况依然如故。当德高望重的法官老爹突然成了谋杀的嫌疑人，作为律师的儿子如何辩护？成了父子矛盾激化的开端，也完美诠释出父子理解的终结。

《法官老爹》剧照　大卫·道金执导　大童图片公司、华纳兄弟影片公司等出品

有些人逃离故乡，系生活所迫；有些人逃离故乡，是刻意而为。很多时候，"故乡啊，挨着碰着，都是带刺的花"。不能让人泪流满面的地方，肯定不是故乡。我们背井离乡在城市打拼，牡蛎一般锁在自己的贝壳中。任何时候提到故乡，只要稍微谈谈感触，得到的回答不论是什么，通常都会受伤。

"近乡情更怯，不敢问来人。"很多时候，我们一不小心过成了汉克的模样，我们勤奋上进、利字当先，为了追求胜诉甚至不择手段。除了春节的偶尔返乡，我们早已在无意中将自己的生活过成了局外人，重返故土的期许早已在豪言壮语中消失殆尽。

"相信我，没人想去那里，那里的人都想逃出来。"很多时候，我们对故乡的爱竟然变成了一种诅咒。汉克的不愿返乡，隐藏着表面光鲜的脆弱内心。母亲的意外去世成了返乡的必需理由，顽固的父亲是必须面对的大山。或说因为缺乏智慧，许是因为自负，我们总是对父子之情不屑一顾，"常回家看看"成了一种恶意嫌弃的逃避。

"明知自己的当事人有罪，你帮人脱罪会不会失眠？""无辜的人也请不起我。"影片一开始就表现出检方对律师汉克的轻蔑和敌意。当包括法官老爹在内太多的业内人士不约而同地借助辱骂律师来期许装点正义的时候，或许才是法治真正的可悲。诚如所见，他们会策略性地假装清纯，同时伴有良好的道德优越感，继续加入对律师的谴责，将社会的负累和职业的羁绊一股脑推给职业共同体中的律师们。

"法官重声誉，律师重结果。"纵使判案丰富的老法官，一旦换位成被告人，是断然难以接受直面的指控，那些法庭中信手拈来的法言法语早已忘记得一干二净，唯有久经沙场的律师方可驾轻就熟、滴水不漏地维护程序的正义。

胜诉与利益，潇洒与放纵，每一面都刻着虚伪。或许只有回到起点，遭受心灵的猛烈撞击，才是褪掉面纱的根本。很多时候的瞧不起，很多时候的自以为，都是高高飘扬的虚荣，唯有在碰壁中，才能发现本质。

"我需要的不是你的帮助，我需要的是你，父亲。"很多时候，当亲情成了主调，法律即成为背景。很多时候我们发现，对父爱的缺失，贯穿于男人的一生，寻找父爱的过程就是我们成长的过程。抱怨、争执、误解，充满了父子和解之路。很多时候，一句父亲的肯定，抵过所有的傲娇。从寒暄的冰冷到拥抱的温情，从完全的对立到和谐的统一，父子间的爱需要时间和耐力。对与错、黑与白，永远不需要在父子之间辩论。悲伤的逃离注定毫无意义，蓦然回首，答案早已在伤痕中血流如注。

每一个心怀怜悯的法官，都透着刚正不阿、疾恶如仇的坚毅。纵使十恶不赦，一旦视同子女，轻判的法槌往往在不经意间有失偏颇。"我只是想成为那个能施予援手的人。""就像我希望在我儿子陷入歧途的时候，也有人能出手相助。"法官老爹轻判被告人的理由让人感慨万端。父爱如此的移情别恋，潸然泪下出多年迷惑不解的答案所在。

弗洛伊德说："父亲是儿子必须分化的存在。"儿子的身份就是需要自体化，对于儿子来讲，父亲只是一个符号，一个需要不断超越和打败的偶像，父亲需要用行动向孩子证明责任心远比陪伴更有价值。

虽然法官和律师在办案时都有共同的追求，但是法官的视角在于全面查清事实，最大限度实现公平公正；律师的视角在于掌握有利于当事人的事实，最大限度维护当事人的合法权益。视角的差异化，导致当法官成为被告时，就不应干涉辩护人对案件事实的披露，因为这是律师的工作。

职业的差异和感情的对立，使父子之间产生了无法填平的沟壑，显现出少见的法官和律师身份角色的冲突。诚然，法官与律师在思维习惯、工作方式乃至个人信仰等方面，都存在巨大的差异。恍然明白，即使做了一辈子法官也难以理解律师的角色定位和重要性，只有在最后的角色互换中，才能完成法官自以为是的心灵拼图。那些没有经过两种职业身份转换的"法律职业共同体"仅仅只是习以为常的自以为是。

从事实问题陪审团定，到法律问题法官定，每一步都生死攸关，每一招都置人死地。再专业的法官也无法真正体悟到律师的开阔视野和思维习惯，只有自己成为被告人的那一刻才惊讶国家机器的强大。从警官的讯问到检察官的质疑，律师儿子恰如其分的回答，完美表现出精致律师无往不胜的细节。没有笑到最后注定不是最终的胜利者。我们会发现，一旦沦为被告，法官视角的思维往往会带来灾难性的毁灭，在期盼救赎的同时，将辩护推向深渊。只有树立起真正的辩护人视角和思维，才能力挽狂澜，将被告人的不利降到最低。

纵使陪审团认定无罪，法官也依然被判入狱。纵使面临牢狱的危险，声誉至上的法官老爹依然选择自证其罪、隐瞒病情。因为在他看来，一旦病情揭发，其曾经办理案件的公正性将会受到质疑，身败名裂是永远不允许发生的事情，有辱名声是比杀人还残忍的行为。

从深信不疑的清白，到当庭认罪的惊愕，失意成了悲情而孤独的父亲最好的注脚。失望是希望的开始。法官老爹和律师儿子之间的距离有多远？公正廉明的审判和唯利是图的辩护之间的鸿沟有多深？苛刻的父爱和渴望认可的叛逆之间，如何铺就理解、肯定和关怀的桥梁？含蓄的我们沉默着父爱的极致，在夜阑人静中绽放。

优秀纵然看得见，也需要得到认可。尤其是父子之间，认可才是优秀的最后归宿。有些人花了一辈子时间也没得到父母的认可，有些人从小到大一直渴望着父母的认可。很多时候，放弃对完美的执着，也是一种成长。要知道，在黑夜就连自己的影子也会离开。父子之间没有不理解，有的只是封闭状态下偶然洞开的豁然和期许。很多时候，人生的难题，恰恰成了我们的突破点。很多时候，刻意的亲密反而是一种互相的折磨，或许父子一生都走在相反的路上，越卖力，彼此内心的距离就越远。

从身份中走出，从职业中进入。和解是追求的极致，信念是换位的重塑。疏离和克制，永远是父子之间的樊篱，一旦感情激荡，那就是诀别之际抑或弥留之时。嘴硬的父亲不到最后一刻总是惜字如金："你是最好的律师。"法官老爹的最后答案，是对律师儿子最好的鼓励和肯定，瞬间推倒了十余年故乡别离的墙。很多时候，儿子的所有付出就是为了得到父亲的些许肯定、鼓励和接纳。一旦父亲不在，一切了无意义。

父子之间，空白也是一种色彩。纵使父子之间，一旦把眼睛盯在对方的错误上，其实最需要改正的是我们自己。只有直面死神的来临，才能清晰地看到人生的尽头。

"风又飘飘，雨又萧萧。"我们早已泯灭了天真，穿着世故的外衣，混迹于人群，把自我遗忘，让父母悲伤。"你鼓励着我站在高山之巅、徜徉于波涛惊骇之上，我因为站在你的肩膀上而变得强大。"蓦然回首，原来父母才是世界上最大的备胎。

很多时候，只有当我们真正失去后，才发现存在的意义和价值，才幡然醒悟父爱的真谛，那是一辈子的隐忍守候，那是终究释然的感动瞬间。

很多时候，时间是每个人的十字架，你我终会得偿所愿。很多时候，如卡夫卡所言：人的根早已从土地里拔了出去，人们却还在谈论故乡。

故乡难忘，难忘花落随风走。

影片速览

电影《法官老爹》当中，精英律师汉克因为母亲去世，被迫返回不愿面对的家乡印第安纳州，家乡有着童年的一切记忆，包括曾对他粗暴相向的法官父亲。母亲葬礼后的次日，法官父亲因为一起致人死亡的交通事故而成为被告，汉克因此留下来为法官父亲辩护，最终真相大白、父子和解。

审判历史就是对历史的背叛
——质疑是寻找真相的最好方法

审判历史就是对历史的背叛

放下二战的任何一本书籍,闭上眼的瞬间:犹太人大屠杀、集中营、原子弹、细菌战、毒气室、焚烧炉、铁丝网,纵使过去许久,一切的惨无人道历历在目。那些恐惧的残忍,那些灭绝的凌辱,让我们在对真理的追求中,持续历史记忆的痕迹,试图寻找人类相残的原因所在。

《否认》剧照　米克·杰克逊执导　盖瑞·福斯特出品

影片《否认》(*Denial*)是根据《审判历史:我与大卫·欧文的讼战》这一颇具有历史意义的著作改编而成,讲述了因为对于纳粹大屠杀历史事件的怀疑,历史学家黛博拉·利普斯塔特与大卫·欧文就纳粹大屠杀是否存在的历史,在法庭上针锋相对的故事。

彼时,英国二战历史学家大卫·欧文在其饱受唾弃的《希特勒的战争》(Hitler's War)一书中,公开对大屠杀提出了质疑。当然,质疑是寻找真相的最好方法,但这种明显与世人所一致认可的事实相悖的说法是否有其合理性?是否属于言论自由的范畴?对于欧文这种独特的观点,如果有人明确反对,被冠以"大屠杀否认者"的称号,甚至在著作中称其为"大屠杀否认者中最危险的代言人之一",被指宣传反犹和种族主义思想,那么这种观点是否属于对欧文的诽谤?能否够罪?

也正因此,欧文认为作者利普斯塔特在书中败坏了他作为历史学家的名誉,于是以诽谤罪将利普斯塔特及其《否认纳粹屠犹:对真理和记忆的持续凌辱》[《否认大屠杀》(Denying the Holocaust)]一书的英国企鹅出版社告上了法庭。

根据英国的法律规定,作为被告的利普斯塔特有举证的义务,她必须找到证据,证明纳粹大屠杀的真实性。于是,聘请优秀律师团队成了当务之急。从事务律师到出庭律师再到历史学家,顾问团队排兵布阵、分析案情、做出判断。试图以独特的视角印证原告的历史著作中存在着不如实叙述事实的现象,从而得出这种歪理完全扭曲了真实历史。

出色的法律团队总能和当事人沟通出出人意料的效果，纵使各持己见，一切皆在把控中。策略性的出庭方略骄傲出无数案例精粹的极致，纵使被告有意申请大屠杀的幸存者出庭作证直接指控纳粹的罪行，辩护团队却冷酷拒绝。一旦让受害者出庭作证心灵创口将再次撕裂，就会给原告在法庭上羞辱与嘲笑受害者的机会，这样受害者就成了靶子，在没有百分之百把握的情况下，每一步都需要慎之又慎。当被告人本人要求出庭自我发言辩护，都不被自己委托的辩护团队允许的情况下，"把自己的良心交给别人"成了彼此信任的关键所在。

正义感、责任心是我们辩护成功的核心，而策略性、方法论则是成功的关键，胜利是必须完成的结果，因为这是一场历史的审判，也是一场绝不能输的战争。

很多时候"你能想象它是有多么危险以及困难吗？站在敌人面前，是艰难的、充满变数的、令人精疲力竭的，但我们必须这么做。只有在事后看来，那些事才会被称之为英雄壮举。而那一刻，你只会充满恐惧，害怕事情到底该如何收场。"是的，法庭上的战士并不是没有恐惧，而是心怀恐惧，但坚信胜利，勇往向前。

影片中，原告认为希特勒对大屠杀毫不知情，同时辩称自己从未否认过有犹太人被纳粹所杀，只是对在集中营内死亡的犹太人数量和死亡的方式提出质疑。"谁能够证明是希特勒下令杀死犹太人的，我手里的这1000美元就归他。"当被告利普斯塔特正在课堂上讲述历史时，原告欧文此举挑衅让人惊诧。

《否认》剧照　米克·杰克逊执导　盖瑞·福斯特出品

诚然，在面对党卫军撤离时炸毁奥斯维辛集中营的现实，表面上的确没有任何影像资料可以还原和证明大屠杀，纵使逃出来的幸存者也只能是证人证言。时隔多年，试图搜寻纳粹的直接罪证可想而知有多难。

很多时候，我们想当然的认为很多事就是无需证明的真实存在，一旦从法律的角度来分析，举证责任的完成则是摆在面前的一道难题。而原告大卫·欧文以此作为切入点，才敢如此大胆质疑大屠杀的真实性。

纵使你维护的都是正义和真实，看起来也只是一场被告豪华律师团队战胜孤独求败原告一人的战争，在历史和法律的争辩中孰是孰非，让人头晕目眩找不到北。但无论看起来如何正义或正确的事情，都是不可能获得全部认同的。很多时候似乎原告一切胜券在握，陡然间自负轻敌，在专业作战中含恨而归。

但是，欧文这种以言论自由做借口来质疑历史的行为，无疑是对言论自由的歪曲理解和过度解读。其实，言论自由表示，你可以说所有你愿意说的，但是你不能说谎。因此可以看出，不是所有的观点都是平等的。允许为了一己私利而颠倒黑白的行为，注定是对历史的背叛。

面对历史，很多时候，我们缺少了敬畏。我们常说，一切历史都是当代史。因此，我们在认识和判断真实历史的时候，也可能会被一些历史学家笼罩一层烟雾，在似是而非中探寻真实。然而，一旦怀疑论者居心叵测，歪曲事实就成了必然。让历史回归真实，让真实得以还原，诉讼在很多时候，瞬间成了拯救真实历史的最佳途径。

历史的公正，往往都是在扑朔迷离的真相中追寻而至。单凭良心和正义感并不能帮我们赢得历史，仅有激情和道德感也不能找到真相，面对历史，敢于质疑，在质疑中重塑新的历史维度和高度，才是我们的初心所在。

或许在历史的否认者看来，仿佛一场法律层面的胜诉就能够将所谓的历史真相全部推翻。也正如此，这场"历史的审判"让我们看见庭审中的否认，让我们每一位历史学家都应该面对并思考法律在对历史真相的审判中究竟扮演何种角色。一旦历史的真相被质疑，单纯的专业历史论证能否取信于民，法律的介入是否必须？而本案的提起和受理，完全可以看出在不经意间，法庭间接成为历史事实的裁决者。

作为历史记录编纂者和历史材料研究者的历史学家，有人选择将真相掩埋于历史的长河，也有人用隐喻将其部分掩埋或者让读者自己去解读其中的真相。作为当代的历史学家并不能也无力全然恢复而仅能尽可能靠近历史事实，一如艾瑞克·霍布斯鲍姆所说："除了记住其他人已经忘记或想要忘记的事情之外，历史学家的主要宗旨，就是尽可能从当代的纪录中后退，而以更宽广的脉络和更长远的视野去观看与理解。"

正如琳·乌尔曼《喧嚣》所言：你所看到的风景，记忆中的东西，对事物的理解，都取决于你站在何处。此案之后，联合国及国际组织纷纷将否认纳粹大屠杀是犯罪写进了法律，从而还历史以真相。"你是一个堕落的历史学家，更是一个卑躬屈膝的历史学家。"我们在允许被告如此声讨原告的同时，是否也需要认真的反思一下我们惯性的站位和思维。一如影片结尾，法官在宣判前最后的反问：如果原告欧文本身就是一个真诚的反犹太主义者呢？

由此让我们警醒：如果一个人真诚相信自己的立场，倘若单纯因此判决有罪，就成了一种专制。我们的研究，我们的观点，我们的立场，我们的思想，纵使漏洞百出，但只要没有公然对某项历史通说恶意挑衅，只要没有对众所周知的事实歪曲评判，只要不挑衅维持国家和社会稳定的公共政策，只要不因此会引起公共危机，那么法律就不应当予以禁止和干涉。

无批判，不自由。

一如《人类的伟大时刻》一书所言：历史不会说谎，它既让那些璀璨华美的乐章千年流传，也定会让历史长河下涌动的深流喷薄而出。在那些耳熟能详、口口相传的英雄奇迹的延伸处，闪耀着无数个被人们忽略却又意义深远的历史瞬间。

批判的权利不仅属于原被告双方，也属于我们当下的每一位。

影片速览

影片《否认》讲述了英国二战历史学家欧文认为《否认纳粹屠犹：对真理和记忆的持续凌辱》一书的作者利普斯塔特在书中称其为"大屠杀否认者中最危险的代言人之一"败坏了他历史学家的声誉，于是以诽谤罪将作者和出版社告上法庭但最终败诉的故事。

面向阳光,你就看不见阴影
——《热泪伤痕》中家暴背后的压抑真相

你所站的地方,就是起点。

——佩玛·丘卓

阴雨绵延至今,转晴后的立秋又有了酷暑的影子,炙热得没有一丝云朵,每一秒都能耀花你的眼。

很多时候,电影不仅仅是呈现,观众也不仅仅是欣赏。电影最大的意义或许就在于:我们借用电影看到他人的同时看见自己。一如爱伦堡所言:"石头就在那儿,我不仅要让人看见它,还要让人感觉到它。"

影片 Dolores Claiborne,翻译为《热泪伤痕》,这部现实主义题材的作品,以惊悚的画面呈现了斯蒂芬·金式的恐怖,在看似低调的娓娓道来中,展示了五色斑斓世界中人性的光辉与丑恶。影片并没有流于简单的好与坏的脸谱式的刻画,而是通过细节展现出三个形象丰满的女性形象:看似冷酷却隐忍付出,不让女儿受伤的母亲多乐斯;对母亲诸多不满却不离不弃的女儿赛琳娜;和管家互相调侃怨怼却惺惺相惜的贵妇薇拉。看起来这些女人都是可怜人,仿佛没有一个是幸福的,却也没有一个是懦弱的。

影片开始,镜头掠过,满幅的水面,全景的天空,仰拍的云朵,温柔里藏着难以言说的压抑。斯蒂芬·金最害怕的不是郊外阴森的城堡,而是日常交恶中隐秘却不可言说的恐惧,是现实中比身体受伤更令人难熬的心理伤害。

家庭是最小的社会单元,是生活最隐秘的地方,所有事情的底片都会在这里曝光。在这里彼此如何相待,多少反映了社会生活的基本侧面。家暴成为周期性的热议话题,它从未自我们这个社会离开。

从西方的"MeToo运动"到"化粪池警告",从博主宇芽的公开发声到不忍家暴跳楼的惨案,家庭这个生活最亲密之地,为何成了骇人听闻之所?本是温馨的港湾为何带给彼此的却是如此残酷的伤害?

德籍哲学家韩炳哲在其著作《倦怠社会》中指出:"暴力不仅源于否定性,也源于肯定性;不仅来自他者或者外来者,还来自同类……在一个匮乏的时代,人们专注于吸收和同化。而在过剩的时代,问题是如何排斥和拒绝。"

影片中的女主角多乐斯坚强、独立、勤劳,她反抗、隐忍……

她受的教育不多，长相平庸，身材壮硕，看起来乐观积极。她粗鲁，并不讨人喜欢，却真诚可靠。这一切优秀的品质并没有让她过上幸福的生活。在一个看似男权文化暴力"合理化"的环境中，家庭才是社会真正的缩影。丈夫任意支取妻子辛苦攒下的积蓄银行却一概不管，他肆意棒击操持劳务的妻子并习以为常。

多乐斯从不反抗，直到最后一次。

"有时候女人唯一活下去的方式就是做一个泼妇。"这不是"沉默的尖叫"，而是"最后的呐喊"！斯蒂芬·金的这个故事饱含着对女性的怜悯和打抱不平。

人，生来都不是完美的。女人有女人的局限，男人有男人的不足，我们真正需要的或许不是固守，而是探索。即便在这个男权主义日渐式微，女权主义日益崛起的时代，更多的时候即使百般挣扎，女性仍然无法摆脱命运的束缚。

然而，在走上绝路之前，她们所遭受的暴力和痛苦仿佛从来都无人问津。既然是绝地反击，那就要计划周全。具有毁灭性的压力并非来自他人，而是来自内心的内敛和坚定。影片的高潮无疑是日食之日丈夫落井的瞬间，太阳是男性的象征，月亮则是女性的化身，影片借助月亮遮住了太阳的光辉隐喻女性对男性强权的颠覆，视觉和心理上的双重冲击瞬间将冲突推向劫后余生的极致。

"在那一刻，上帝闭上了眼睛，太阳收拢了光芒。"

生活中，并不是所有的女性都渴望成长，渴望独立。也并不是所有的女人生来就是女强人。迫不得已或许才是坚强的初心，坚韧和愤怒，往往来自无数次打击和怒吼。更多的时候，悲哀实际来自彼此的麻木和沉默。

人们的看客思维让我们反思：人类仿佛从来就不能从自己同胞身上感受到痛苦，也从来不能从别人的痛苦中学习到避免痛苦的方法，直到自己成为那个受苦的人。

"受过的伤，收起的心事，终究要回到原点，才能治愈。"很多时候，我们会发现人性中阴暗的一面，要么被公开否定，要么被人们藏在内心深处，虽然被压制，却一直真实存在于人们的生活中。很多时候，仿佛人类从同胞的苦难中感觉到的只是兴奋，而非痛苦；人类从自己的苦难中学习到的不是同情，而是仇恨。

"在幸运者的狂欢中，受害的总是社会中最脆弱无助的人。"如今的病态不是压制，而是抑郁（depression）。感知（die Wahrnehmung）本身呈现出一种"狂看"（binge watching）的形式，即"毫无节制的呆视"。使其害病的不是压迫和否定，而是迁就与赞同。频发的家暴与社会极低的认可度形成鲜明的对比，两者彼此指责、推波助澜。诚然，纵使有千百种理由，也不能没有洞察世事后的简单和劫后余生的谅解。或许，只有彼此间伤害，至生命的最后一刻，才能顿悟繁华落尽的柔美、沧桑过后的明朗。

诚如所言：生活，有时候是一座教你悔恨的学校。但更多的时候，在命运捉弄你的最低谷，反倒成了攀登高峰的开始。被冤枉谋杀了颐指气使、苛刻至极的雇主薇拉，反成了多乐斯完成心灵救赎与同女儿和解的开始。

从薇拉到多乐斯再到赛琳娜，三代人的婚姻仿佛没有一个是幸福的。没有任何可靠的婚姻制度能够承诺给人幸福，但至少应该有制度可以让人避免极端的不幸。一旦习惯和接受了反抗的困境和伦理的束缚，逆来顺受就成了惯性，纵有挣扎却总是感到希望渺茫。禁止家暴的法律法规多如牛毛，但在实践中，效果也不尽如人意。当法律救助无门，绝望时刻，人只能自救。

回避痛苦是人类的本能，但人们却仿佛从来都没有真正掌握这种能力。暴力是人类隐藏的天性之一，家暴也许永远不会消失。全世界仿佛都存在难以根除的家庭暴力，恍惚间"受虐妇女综合征"已经从社会心理学名词成为一个法律上推崇的概念和定义。

"通向地狱的道路往往是由善良的愿望铺就。""魔鬼其实一直都住在心里，只是我们为它上了封印而已。"人性里从来不会只有恶或善，但是恶得不到抑制，就会吞吃别人的恐惧长大，尖牙啃啮着身体里的善，和着酒一口一口地咽下去，直至最后暴力充满了每一寸血管，瞬间诧异出中邪般的惊恐。

尼采说："从本质上来讲，生命本身就是对异己的东西和弱小的东西的占有、伤害与征服，就是特殊形式的镇压、严酷和强求,就是合并,或至少是,说得好听点是利用。"很多时候,我们必须认知自我,认清人性的本质。因为"认知自我的自觉存在正是自由的表现"。

"我们就是被习惯的男权思维操纵的牵线木偶,没有一丝一毫是我们自己!"当家丑不可外扬的家暴道德观成了"一种存在的方式"时,才能领悟到被人为包装过的谬误,它隐藏了人们错误的因果期待,当我们认为隐忍家暴的道德事件终究会得到家庭乃至家族的褒奖而幸福充溢时,这只是一种错误的因果期待而已。

"热泪空过,伤痕永存!"一如海伦·凯勒感慨:永远面向阳光,你就看不见阴影。或许,只有我们转身,才能发现如此长的阴影早已超出了我们想象的限度。

影片速览

影片《热泪伤痕》从家佣多乐斯涉嫌杀害雇主薇拉开始,在大城市打拼的女儿赛琳娜不得不回到家乡,面对不得不面对的母亲,也不得不回忆被父亲猥亵的往事,更不得不面对母亲制造机会杀死父亲的过往。影片通过三个女性的生活,揭露出始终生活在男人阴影下家暴背后压抑的真相。

彼此碰撞，
只为了感觉到彼此的存在
——《撞车》里种族、人性的冲撞

今年的冬季比预报中的还温暖，纵使进入腊月，汉水两岸依然绿意盎然，完全没有过往的严寒，完全一副穿着冬的外衣过着秋的舒爽的装扮。

某个夜晚，一场车祸，故事很自然地开始和发展，平铺直叙中挑逗着观众不安定的神经。这部获得奥斯卡金像奖的影片《撞车》在细微处揭露着人性的两面，从而牵连起无数个渴望救赎的心灵。

频繁切换的镜头交叉叙述出蒙太奇出人意料的松弛有度。影片《撞车》一开始就引人深思："这是触摸的感觉。行走在城市中，你和人们擦肩而过，和人们邂逅，但在洛杉矶，没人触摸你，我们总是躲在冰冷的建筑物后面，我们很怀念那种触摸的感觉，我们彼此碰撞，只是为了感觉到彼此的存在。"几句台词引出车祸发生，或许是让人们彼此关注和紧密相连的最尴尬的方式之一。

有碰撞方有交际，有碰撞就有希望，人们在碰撞中开始接触,误解在碰撞中开始消融。"仿佛没有人在乎真相,只在乎结果是否如大多数人意。"影片讲述了一个黑人电视导演和他的妻子,莫名其妙地因为莫须有的违章驾驶受到了白人警察的侮辱,看似该受到谴责的警察却在最危急关头挽救了曾遭他侮辱的黑人妇女;老实巴交的波斯商店店主,却差点谋杀了有着刺青的墨西哥修锁匠;地区检察官和妻子被抢吉普车后,只能把怨气发泄到无辜的修锁匠身上;黑人警察在承受着上司的威胁和焦急地寻找自己的弟弟;自己善意的黑人弟弟却被白人警察错误射杀。在短短的36个小时内,一场意外的车祸把事件前后生活在洛杉矶素昧平生的一群人推入了多米诺式的情绪深渊中。

我们如何重新来认识已被歪曲了的"恐惧"定义?透过影片去用心观察我们生存的世界,或许可以在黑暗的尽头发现残阳的最后一缕。一如影片导演保罗·哈吉斯所言:"电影就是这样一种奇妙的工具,它能够让你体味到陌生人的心路历程。我希望观众在看完这部电影之后并不只是感知到我所指出的问题,更重要的是能够推动民众去分享你们的爱心。"

法律的精髓不是鼓励善(这是道德的范畴)而是禁止恶,法律无法同时直接完成"惩恶扬善"的双重使命,只能通过惩恶来间接扬善,同时尽量确保善行不带来恶果。影片中亚裔女人直言"墨西哥人根本就不知道怎么开车",墨西哥女人要求交警在报告上写明"我被一名亚洲司机开车撞到了,受到惊吓"。白人对黑人的歧视,黑人的自我歧视,和黑人对所谓中国人(有色人种)的歧视，以及所谓交通事故率高的亚裔（包括韩、泰等）和墨西哥人、波斯人，都成了被歧视的对象。愤怒的波斯人被误认为恶意的阿拉伯人，善意的修锁工被看作偷窃的黑鬼。一切的一切，都是如此的不和谐。少数族裔的互掐之举，无意中掀开平等旗帜下不平等的真相，表意下的辉煌和民主，潜藏着多少肮脏的勾当。

倘若没有建立属于自己系统的电影坐标系，很难判断一部影片的好坏，很多时候对好影片的"假装看过"往往让我们错失佳片无数。如何了解影片的内涵？如何探究电影银幕背后的大众心理与精英思想？从其讲述的城市入手或许是最简单的方法，透过城市的显微镜可以看得见一切内幕。正如我国台湾作家罗智成所说："你所待过的城市都会成为你性格的一部分，就好像你所爱过的恋人，都会成为你性格的一部分。"但凡在洛杉矶待过，你就会发现无论走到哪里，都带着这座"天使之城"深深的烙印。

"真实，远比你想象的更惊悚。"纵然在多元文化的美国，人人都是外来者。但"歧视"一旦有了惯性，语言也会被纳入其中。影片中那些非英语的任何语言跟着宿主瞬间也成了被歧视的对象。

各种民族文化在这里相互碰撞，偶有不同的民族背景和职业经历，一丁点小事就会引发新的冲突。好意的搭车客把手伸入口袋，本来是想拿出同款的人形饰物，却被驾驶者（好警察的代表）视为一种潜在的危险（可能掏枪之类），结果被条件反射的击毙，刹那间惊呆当事双方和荧幕之外的你我。或许只有在死亡

《撞车》剧照　保罗·哈吉斯执导　牛眼娱乐、DEJ制片公司等出品

面前才能明白救赎的必要，才知道人的共情是多么可贵。很多时候，我们早已习惯了以坏人的视角来看待世界，有罪推定成了一种惯性思维。很多时候我们会发现，我们的坏带着一种惯性，而危险的发生却竟然是内心善的一种自动而为。

历来很多国家很多人对美国的枪支文化颇有微词，但就美国人来讲，年满18周岁拥有持枪权，这是很正常的事。他们认为，不能因噎废食，不能因为有人用枪杀人就剥夺用枪的权利，好比不能因为刀可以杀人，就不让买刀一样的可笑。既然人人都有可能持枪，那么在面对警察的盘问和质询时，唯一的办法只有按照指令乖乖接受，一旦让警察觉得你有掏枪射击的危险，那么警察就可以名正言顺地扣动扳机当场击毙你。

"我们彼此的碰撞,只是为了感觉到彼此的存在。"种种偶然与冲撞之下的文化,冲突着每个人的善意满满,却又在刹那间被迫横刀相对。激烈的反面并非是平静的湖面,汹涌的暗潮一直在波涛下蓄势待发。不同的文化、不同的理念、不同的经历、不同的感悟,大杂烩的美国文化总能在创造奇迹的同时,展现出非同一般的对撞和逆伤。或许最极端的逆行,体现在刚刚还对盘查的女性动脚动手的坏警察,一转眼遇到遭遇车祸的同一人,在车辆即将爆炸的生死关头奋不顾身将其抢救。好坏就在一瞬间,没有绝对的好人,也没有绝对的坏人。"刑事律师会看到坏人最好的一面,离婚律师会看到好人最坏的一面。"从正义到邪恶、由被伤害者到施暴者,不断转换着的身份让我们感慨昨天的"恶行"直接冲击着今天的"善举",人性本恶的表象瞬间碰撞出习以为常的人性本善,矛盾出精神分裂式的快感。

我们在碰撞中凝视黑暗,只为了一场救赎。影片中的洛杉矶郊区混乱而萧条,脏乱而混杂。但却能让人在恐惧中充满着希望。影片中的每一个角色都是在自我行为中汲取着教训,不停地颠覆着曾经的过往。每个人貌似有罪,但每个人都值得同情。每个人仿若恶魔,但每个人亦如天使。或许你从中看到的是痛苦,或许面对此,曾经的美利坚梦,竟然如此的不堪一击,瞬间掉落进软绵绵的陷阱,窒息而亡。唯有在将死的瞬间,记忆中闪耀着壁画中圣像的光芒,在困惑和痛苦中,探寻着"命运和选择、巧合和必然、失足与救赎"的冲撞。

"别揭开这幅面纱，它被活人称为生活；虽然上面所绘的图景显得很不真实，只不过是以随随便便涂刷的彩色，来模拟我们愿信以为真的一切东西。"雪莱的十四行诗道出了生活的真谛。我们看不清只因为被面纱遮挡，雾霾黑成了朦胧美，躯体变成空壳落在了脚边。

缝隙给了生长空间，碰撞给了融合机会。从种族歧视到宗教信仰，再到不同社会阶层之间的冲突，有碰撞才有交流，有交流才有未来，碰撞让我们的生活不再平淡，碰撞让我们变得丰富多彩，我们互相碰撞，互相成长。影片里的八个故事交叉叙述、平行推进、角色互换、纵横交叉，制造冲突与化解冲突在36小时内完成，文化的冲突和人性的复杂在碰撞中生长融合，在平凡中诞生出崇高和伟大。

带着忏悔、写着沉重、饱含爱意，救赎在隔离的黑暗中闪耀着生命的光辉。恐惧似乎一直在逼近我们，高高举起屠刀，却又忽然扭过脸去，露出蒙娜丽莎的微笑，谁也不明白其中含义，谁也都明白其中含义。

寒风四起！

影片结尾，当被母亲斥责为没有人性的哥哥在飘洒起雪花的事故现场想念弟弟时，"人性收起了它炫目的光芒，只有雪在城市的四周格外明亮。"

《撞车》剧照　保罗·哈吉斯执导　牛眼娱乐、DEJ制片公司等出品

影片 速览

影片《撞车》以多民族多文化相互交融的城市洛杉矶为背景，讲述了一起普普通通的撞车事故发生后，在36小时内却以多米诺式一种出人意料的方式把包括警察、电视导演、商店业主、修锁匠等无数的市民纠缠在一起，从而引发种族歧视的故事。

在每一个即将结束的开始,坚定不移做自己

——每个人都可以选择如何走向死亡

夕阳西下，寒风凛冽，新冠肺炎肆虐，情绪低落的像一头斗败的公牛，昏暗的天际涂抹着污浊的色彩，模糊了原本湛蓝的天际。慢慢地夜深人静，时针指向凌晨，新的一天在子时即将来临。

这个世界上从来没有人能够迫使你在心里撒谎。从鼠疫到天花、从非典到新冠肺炎，烈性传染的名字足以让我们心惊胆战。信心就是消毒水，信心就是免疫力。"黑暗有多让人咬牙切齿，光明就会多让人热泪盈眶。"纵然千钧压顶，看淡流言蜚语，我们在黑夜里齐声歌唱，在这个艰难的冬天我们的信心就是我们自己的神。

伴随着新旧更迭扑面而来，我们需要的是步履匆忙的停留，那是对大自然的敬畏，对生活的回首与展望，是关于生命意义的拷问，也是对自己最起码的尊重与热爱。苏格拉底说："未经审视的人生不值得度过。"很多时候，当星光即将黯淡，回顾我们的一生，我们到底过得怎么样？是他人口中的人人称赞，还是自以为是的自得其乐？

选择一部好电影远比选择一部好书艰难的多，影片《遗嘱》当属这料峭寒冬里的一抹阳光，看似冰冷却暖意融融，让人深思却给你希望。或许观看影片的意义不在电影里，而在观众与电影的互动中。我们能从观影中借鉴什么？一如《电影的秘密》书中所言：观众之所以能够对一部电影作出回应并试图理解，是因为他们能够将自己现实生活中视觉化、个人化及社会化的经验和对于电影的传统和风格的了解注入观影体验中。

影片《遗嘱》（*The Last Word*）也被翻译成《最后的话》《讣告》，讲述了事事亲力亲为的成功女商人哈丽特在退休后依然亲自理发、亲自做饭、亲自修建花园，直至有一天因病住院，自觉时日不多的她，按惯例想在报纸上刊载讣告，但要求内容自己必须满意。记者安妮采访遍了哈丽特的亲朋好友，竟然没有一位对她有好评，甚至包括丈夫和女儿。这让安妮的写作陷入了困境，然而安妮发现纵然哈丽特没有家人的爱戴，没有同事的赞赏，也没有意外的改变过别人的一生，但最后透过她那看似尖酸刻薄的表象，年轻的安妮发现了真相的所在，领悟到哈丽特早已参透了人生所有的奥秘，她始终过着别样的人生。纵然孤独，她活的也是无比纯粹、极致和优秀。

法律绝非僵化的规则，而是鲜活的生命。遗嘱是自由处分意识的体现，往往透着生者对所珍爱一切的归属期盼；而讣告往往透着生者对逝者最高的褒奖和推崇。很多时候，我们无法在"遗嘱"和"讣告"之间画等号。不妥当的遗嘱不仅没有成为解决问题的一部分，反而成了问题的一部分。众多的人纵使面对即将终结的生命，往往顾左右而言他，只做解释不做判断，最终在法定继承与遗嘱之间，边界变得充满裂隙，将亲情在不经意间分离。

"对待生命你不妨大胆冒险一点，因为好歹你要失去它。如果这世界上真有奇迹，那只是努力的另一个名字。生命中最难的阶段不是没有人懂你，而是你不懂你自己。"哈丽特的一生无形中遵循着叔本华的教导，完美开始、完美结束。

"要么庸俗，要么孤独。"一个人的华丽妆容，一个人的精致晚餐，一个人的美酒佳酿。当夜幕来临，酗酒成了击败空虚解救孤傲的唯一办法。当医生在哈丽特的胃里发现了安眠药和红酒的时候，她还可以装着没事，依旧不想直面自己的人生。最夸张的戏剧性往往埋藏在最平淡的日常里。出院后更多的安眠药掩盖着更加绝望的心，意外碰倒的红酒救了她的命，在被酒打湿的报纸上她看到了别人的讣告：一个死去后所有人都缅怀她的讣告。而这，正是哈丽特的临终遗愿。

每个人都应该被尊重，讣告是一个人一生的浓缩、精华与精彩，里面充满了溢美之词，每个人都有值得尊敬的优点，都在为做最好的自己努力。讣告的对象往往是逝者之外的人，但哈丽特的讣告拒绝遵循脚本，必须预先在她的注视下完成。

老太太哈丽特坚强执着勇敢做自己，她那看似自私的行为充满着人生的哲理，她活出了真实的自己，从不做作，始终有着追求自己价值和快乐的勇气。纵使外人看来的不足和缺点，也只是因为距离太远不认真的原因罢了。她对闲言碎语的唾弃，对子女教育的唯结果论，都让我们发现她"活得精彩、不怕折腾"的伟大。

成功的方式有多种，众人眼中的不成功或许才是成功的另类解读。哈丽特与园丁、保姆和理发师那一连串并不友善的交流，让我们瞬间标签化一位强势、控制、自负并追求完美的女人。然而，她看似冰冷的外表透着对生命的尊重与热爱，先抑后扬的电影套路里无不流露出对女主人公性格魅力的推崇极致。

一个孤独的灵魂无法面对死亡，一个没有真正活过的人惧怕死亡。我们把一个又一个日子送走，直到岁月把我们送到最后一天，当我们站在生命的尽头回顾一生时，面对生命拷问那些未竟的梦想和无法付出的爱，怅然间人生好像此时才真正开始领悟。

跟随讣告写手安妮的走访，哈丽特的一生徐徐展开。"每一个不曾起舞的日子，都是对生命的辜负。"她凭借对事业的执着与追求创造了广告奇迹，但因时常出口不逊的坚持自我，周围所有人对她竟然一句赞美词都没有，讣告写作瞬间陷入困境。哈丽特认为自己虽无家人的爱戴，没有同事的赞赏，也没有意外的改变过别人的一生，但是可以通过未知的第四点来改写她的人生讣告。而"改写人生讣告"的第四点就是"没有恶意的坚定不移地做自己"。

生命的意义到底何在？是来自外界的评价还是获得子女的爱戴、朋友的褒奖？是改变世界还是拯救地球？哈丽特显得如此

"自私"的妄语是否能登上"讣告"大雅之堂?"包括但并不限于此"的回答或许才是真正人生的开始。

一如茨威格所言:一个人最大的幸运,莫过于发现了自己生活的使命。未知的"第四点"决定了生命的不同色彩,如何选择生命的意义就如何选择了一生。哈丽特用行动去影响周围的人成为更优秀的自己,她没有说教更没有劝导,她用行动去践行,用行动去示范,她用她的一生书写着她的人生讣告,她的一生、她的所作所为就是她最好的遗嘱。

"我唯一的野心就是根本不成为任何什么人,这似乎是最合理的一件事。"纵使在生命的尽头,八十一岁的哈丽特依然践行着查尔斯·布考斯基的格言,创造无数奇迹。"只要活着,我们就在追逐,无论是幸福,还是不幸的人。"她一生热爱摇滚,年过八旬成为电台DJ主持,生前事身后名,一刹那好像都和她无关了。舞蹈和音乐在耳边安静下来,夕阳将一切镀上一层炫目的金色,她安坐下来,静候死亡像老友一样如约而至。

电影往往不是对生活的截取,而是提炼。电影里的看似日常,其实是生活的缺失,是我们心里需要的平常。面对生命,电影大胆发出了作为人最本能的呼喊。正如查尔斯·狄更斯的一句话:"当我越来越贴近终点的时候,却发现自己似乎在轮回之中,反而离起点越来越近。"

因为活着终归是有最后那一日,因为终归有最后那一日,也才必须要认真地去思考、安顿那些活着的事。要知道死亡向我们走来，我们其实也可以选择如何走向死亡。

卢梭早就感慨，如果世间真有这么一种状态：心灵十分充实和宁静，既不怀恋过去也不奢望将来，放任光阴的流逝而仅仅把握现在，无匮乏之感也无享受之感，不快乐也不忧愁，既无所求也无所惧，而只感受到自己的存在，处于这种状态的人就可以说自己得到了幸福。因此，哈丽特是幸福的，她的幸福在于对工作的严谨、对家人的严苛、对慈善的热爱、对生命的尊重。

有一种说法，世界上只有5%的人是在生活，剩下的95%仅仅是在活着。我们看似匆忙的生活，把大把的时间匆匆忙忙全给了他人。一如米沃什感慨："每一个微笑背后都有一个厌倦的哈欠。"生活在很多时候把我们塑造成了一副活着的面具。哈丽特的"伟大"破土于自我完善的能力，她的"自信"奠基于包容并蓄的精神。所以，拒绝个性，就是消灭生命的色彩；拒绝批判，就是扼杀通向美好之路的希望。

"休相问，怕相问，相问还添恨。"我们太在意别人如何看待自己，我们陶醉在无知的意淫中，幻想着自己的所作所为能赢得他人的鼓励和赞誉。偶尔有石子丢入河水的声响，瞬间成为毕生的最高追求。柏拉图说："我们一直寻找的，却是自己原本早已拥有的；我们总是东张西望，唯独漏了自己想要的，这就是我们至今难以如愿以偿的原因。"哈丽特用自己的一生践行着看似平淡无奇、自以为是的生命，谱写出的却是人生意义的最高追求。

我们一方面从心底里羡慕哈丽特这些生活如此洒脱的人，另一方面却很少公开表露对他们这类人的推崇。我们狭隘地生活、偏执地思考，我们很少信任那些比我们好的人，宁肯避免与他们来往。我们一方面在电影院仰慕那些充满力量、充满希望的强者，一方面在现实中却刻意远离，反而向我们有着共同弱点的人吐露心迹。法国思想家蒙田说："让人感觉受伤不是事情本身，而是人对事情的态度，弱者永远都觉得自己在受伤。"原来我们并不喜欢改变弱点，也不希望变得更好，只是希望受到怜悯和鼓励。早已习惯了在虚伪中虚伪着一切，直至撒手而去，不留下只言片语的真实。

"无论你从什么时候开始，重要的是开始后就不要停止。无论你从什么时候结束，重要的是结束后就不要悔恨。"每一个人的人生都可以绚丽多彩，人生没有固定的格式和范本，没有遵循的墨守成规，更没有所谓的成功标杆来激励，有的就是心中的勇往直前。

当你无限接近死亡，才能深切体会生的意义。只有活到最后，我们才会发现："人生有许多事情正如船后的波纹，总要过后才觉得美丽。"

诚如此言：只有知道了书的结尾，才会明白书的开头。

书如此，人生亦如此。

《遗嘱》(《最后的话》)剧照　马克·佩灵顿执导　富兰克林街、万象图片公司等出品

影片速览

影片《遗嘱》(*The Last Word*)里，凡事亲力亲为控制欲极强的成功女商人哈丽特，在退休后依然独自生活，自得其乐。当她因病住院时日不多后，决定写自己满意的讣告时，一位年轻的记者承担了发现真相的任务，这导致了一种改变人生的友谊。

不是生命没意义，是你没找到自己的意义

——《大卫·戈尔的一生》里死刑存废的信仰与追求

不是生命没意义，是你没找到自己的意义

"木落雁南度，北风江上寒。"

转眼年终将至，冬天残忍得一塌糊涂，肃杀和颓废充斥了整个视野，偶有艳阳高照，一杯暖茶，一部精彩绝伦的法律影片，真正的大快朵颐。回首《大卫·戈尔的一生》让人无限感慨，在这个冬日暖阳的午后，悬疑着最终的反转极致，绚烂出血色残阳的凄美。

《大卫·戈尔的一生》剧照　艾伦·帕克执导　环球影业等出品

影片《大卫·戈尔的一生》讲述了坚决反对死刑的大学教授大卫·戈尔在美国执行死刑最多的得州以各种方式呼吁废止死刑，但收效甚微。在一次电视节目上，大卫和州长激烈辩论，尽管他旁征博引占尽上风，但当州长让他举出一个在任职期间因误判而冤死的例子时，大卫哑口无言。

"力量是在决心做自己之后，才会被自己真正获得的。"再精彩的辩论终究比不上一个实例更有说服力。被动的辩论惊醒了大卫，他必须有真实的冤死案例才能对州长致命反驳。于是一场以自我生命为代价的伟大献祭开始上演。

大卫的好友康斯坦斯被发现死在自己的公寓内，她赤裸全身，反铐双手，头套塑料袋，体内有戈尔的精液。大卫被控谋杀判处死刑成了理所当然的事，可大卫从不辩解。法律制度被大卫牵着鼻子走向极致，在"自由钥匙"的巅峰坠崖，溅起讽刺的水花无数。

影片一开始就充满着悬疑，随着记者调查的深入，判决死刑的疑点仿佛越来越多，而距离执行死刑的时间又越来越少。"与时间赛跑"成了影片牵动人心的一条主线。无论真凶是谁，杀人偿命是因果报应体现出的最朴素的价值观，一旦贴上命案嫌疑人的标签，洗脱罪名几乎成了不可能。你是个怎样的"人"，不需要"事实"；舆论判你有"罪"，不需要"事实"。透过"嫌疑人"的外衣，人们看到的已经不是一个人，看到的是罪行，是凶手，是"有罪推定"的自始至终。"无罪推定"只是法律界一种善意的形式逻辑而已，对于社会，早已定罪。

被污蔑为强奸犯成了大卫·戈尔一生的转折点，女学生的撤诉并没有还原真相还其清白，法律的无罪判决也只是因为证据不足，大众看来的"真相"使他逃脱了一次指控。有些事一旦和法律沾上边，"污染"成了必需。一次莫须有的指控，丢掉的不仅是教授的工作，还有幸福美满的家庭，以及所有人的避之不及。查克·克洛斯特曼在《如果我们错了呢？》一书中说：如果换个角度，是不是这些被称为"事实"的东西就会被推翻？我们确信十足的观点有多少经得住时间的考验？究竟看问题重要还是看未来重要？无论何时人们告诉我做错了什么，我可能会在交谈中不愿承认，但是在我的心中，我确信他们言之有理，即使相对而言我确信他们也是错的。

"想当然，必定是。"托尔斯泰早就观察到，人类的活动之所以失败，并不是因为缺乏智慧而是因为自负。人类"具有一种不可避免的无知"。很多时候我们会发现，有些观点早已经根深蒂固于"乌合之众"的集体意识之中，以至于任何人提出怀疑的念头似乎都是件愚蠢的事情。社会舆论会出错，法律判决也会出错，即使严谨的司法程序也会出现纰漏，就这样，错错相加，诞生出不可逆转的死刑。

恰如本片，一个在证据形式方面确凿无疑的死刑案件最后却被证明是一桩真真切切的死刑冤案，大卫·戈尔用自己鲜活的生命试图来证明司法体系必然会出错，期许以此推动死刑的废除。但正如影片最后州长在接受采访时所指出的："尽管如此，得州仍然支持死刑制度，因为它行之有效，不能因个别人为达到目的的疯狂举动而责怪现有制度，我们不能因噎废食、良莠不分。"

或许世界本没有真相，只有角度和观念。如尼采所说："没有真相，只有诠释。"真相都在事情发生的那一刻随时间消失，我们所谓的真相都是建立在所谓的证据之上，都是诠释过的真相。事实上，我们是自己的囚徒，我们时常禁锢在自己的判断中无法自拔。"除非今天变成了明天，否则我们无法理解今天的世界。"

生命、救赎、理想、信仰、使命。茨威格说："一个人最大的幸运，莫过于发现了自己生活的使命。"很多时候，这些为了废除死刑的斗士，一如西西弗般悲壮，眼睁睁望着石头在瞬间滚到山下，又要重新推上山巅。恰如他的不幸肯定会再来，此时便是觉醒的时刻。假如他每走一步都有成功的希望支持着，那他的苦难又从何谈起呢？他离开山顶的每个瞬息，都超越了自己的命运。他比所推的石头更坚强，也比想废除的死刑更伟大。

正如在电影开头大卫教授在课堂上讲的那样：幻想必须超越现实，因为在你到手的那一刹那，你没办法也不会再想要它。为了继续存在，欲望的客体必须永远无法达成。也许大卫期许的不是"废除死刑",而是对"废除死刑"的幻想与追求。"你要小心你所幻想的东西,不是因为你会得到它,而是因为一旦你得到它,你就不再想要它了。因此拉康告诉我们,依靠你的欲望生活永远不会使你快乐,只有依靠观念和理想努力生活,才会使人成为真正的人,不要用你已经实现了的欲望来衡量你的生命,而要用那些正直、热情和理性甚至是自我牺牲的瞬间来定义你的人生。因为最终,我们衡量生命意义的唯一方式,就是珍视他人的生命。"

仅仅停留在口头上的信仰,已经不是信仰。当一个人"说"信仰时,我们可能很容易去"点赞",但我们往往无法被震撼。对于大卫·戈尔来说,用生命"实践"信仰,被执行死刑是必须要完成的规定动作,任何中途的中止,都有前功尽弃的嫌疑。

反观"死刑的废存"的争论历史上从未停息,与自杀是哲学的终极问题一样,"死刑的存废"或许就是司法界的终极拷问。诚如西原先生所说:"刑法是最令人害怕的法律。在刑法的这张脸上,包含着被害人的父母、兄弟的悲伤与愤怒,包含着对犯人的怜悯与体恤,也包含着对犯人将来的期望与祈盼;此外还一定包含着法官在充分理解犯人的犯罪动机的同时又不得不对犯人科处刑罚的泪水。"

"你们对别人的审判中,也包含了对你们自己的审判。"心理学教授菲利普·津巴多的"斯坦福监狱试验"早就证实了"犯罪综合论"。纵使真正的杀人犯,我们看到的虽是"自由意志选择"

的结果，实则社会形态、社会意识和社会财富的分配形式等对个体人的制约，也可以成为"迫使"其犯罪的重要动因。

贝卡利亚说：人们可以凭借怎样的权利来杀死自己的同类呢？很多时候，我们普遍认为惩罚越严酷，越能达到惩罚的目的。没有了对恐怖极刑的惧怕，有些人可能会毫不犹豫地为利益或者复仇行凶杀人，只有用死刑才能惩治极端罪恶、彰显正义。直到最后才恍然大悟，死刑不能终止犯罪，也并不一定能昭示所谓的正义，还可能造成无辜者的死亡。如何以更科学的视角、更开放的心态来思考死刑的存废，来思考人类社会的未来命运，是我们需要认真反思的重中之重。

加缪在《思索死刑》一书中感慨："我反对死刑的原因并不是我对人类天性的良善有什么幻想，或是我对未来的黄金年代有什么信念。相反地，我是基于经过思辨的悲观主义、逻辑原则以及现实主义等理由，才认为废除死刑是必要的。""司法引人嫌恶的程度似乎不亚于犯罪本身，像这样再杀一次人，不仅不能弥补社会大众所受到的伤害，反而会在原本的污点上增加新的污点。"砍下的头颅不是剖开的西瓜，当你失去，死亡也许就是恩赐。"哪怕断头台上出现一个冤魂，司法就足以永远蒙羞。"

纵使"没有任何确切证据可证明死刑的威慑作用"，而"施行死刑的任何司法误判或失败都是无法逆转和补救的"。但对于支持死刑的人们来说，通过执行死刑杀死对方可以平衡心理的伤痛。那人们真正想要的到底是什么？对此，茱莉娅·塞缪尔早有总结：真正伤害一个人，一个家庭，甚至一代人的，并不是悲伤所带来的痛苦本身，而是他们为了逃避痛苦所做的事情。面对并理解死亡带来的悲伤，获得生活的意义与力量，这不仅是勇敢者的功课，而是所有人。

"我们耗费全部生命试图让死亡停止：吃饭、创造、爱、祈祷、斗争、杀戮，但我们是否真的了解死亡？我们只知道死去的人不能再回来，但是生命中有一个时间点，一个瞬间，当你的思想超越了你的欲望，或许死亡就是一种解脱。"大卫·戈尔早就清楚了自己的使命和生命的意义，他以自己的生命雕琢出茨维塔耶娃那段著名独白的美："我生活中的一切我都喜爱，并且是以永别而不是相会，是以决裂而不是结合来爱的。"

"不是生命没意义，是你没找到自己的意义！"尼采永远那么智慧。一如拉康的洞察："幻想必须超越现实。衡量生活的标准绝不单单是心想事成、事遂人愿，而应当以获得多少真诚、怜悯、理性，甚至以自我牺牲来衡量。"

一个人无法看到自己，只有通过别人来看到自己。当他人的生命价值被重视，你在他人身上的价值才会被重视。"对待生命你不妨大胆冒险一点，因为好歹你要失去它。如果这世界上真有奇迹，那只是努力的另一个名字。"大卫期许用自己的生命祭奠出反对死刑的艰辛，面对自己根本无法改变的现状，殉道或许就是捍卫自己理想的最好方法。

"雪崩时，没有一片雪花是无辜的。"伏尔泰如是说。

《大卫·戈尔的一生》剧照　艾伦·帕克执导　环球影业等出品

影片速览

《大卫·戈尔的一生》中，一名积极致力于废除死刑的大学教授大卫·戈尔因被控谋杀即将执行死刑，他同意女记者贝茜到监狱采访。面对证据确凿的案件突然疑问重重，贝茜历经千辛万苦终于在死刑前最后三天查出令世人震惊的真相。

后　记

罗杰·伊伯特在《伟大的电影》一书中感慨："我们生活在一个时间和空间的盒子里，电影则是盒子上的窗口。电影允许我们进入他人的精神世界——这不仅意味着融入银幕上的角色，也意味着用另一个人的眼光来看待这个世界。"诚如所言，透过影片，尤其是一系列的法律影片，我们会发现，我们的真诚和邪恶都会在某一个主角的身上体现，在黑暗的观影中膨胀出欲望的无边界，泄露出既是天使又是魔鬼的双重人格和复杂人性。正因此，才促使我不断地欣赏世界各国优秀的法律影片，期许在每次观影结束后，都能有令人深思的内容呈现给大家。

时光飞逝，自2018年1月始，我已累计两年多在《中国律师》杂志上连续刊载二十余期法律影评，文章同时被很多公众号转载，好评无数。基于此，受《中国律师》杂志社刘志军总编的鼓励，我将这些法律影评汇总出版。

读书、看剧、观影和旅游是我的四大爱好，2018年我出版了第一本散文集《掠过》，里面记录了我对书、剧、影、游的碰撞和记录。在书中我感叹：每一个爱好都值得珍藏，每一次过往都成为永恒。玩儿要玩儿出水平，看要看出风格。阅读心灵，给信仰腾出空间。

而这本《已阅：光影中的法律与正义》正是对其中"观影"部分的总结和记录，已总结和警醒那些我们每天无所事事、浮光掠影的观看，因为只有随时记录观影的感悟，记录这种直接的碰撞，才能对得起每一部佳片有约，才能对得起无数法律人的推崇和鼓励。

虽然本书仅仅收入28篇法律影评，其实何止28篇，无数的名篇佳作每一部都值得致敬和仰视，每一部都值得我们认真学习和研究，其中除了无数的名言名句，还有无数次现场的庭审和发问，更别说那些永远让人深思的案例。我对这其中的这28部影片的评论，也只是浅尝辄止，仅仅停留在个人认知的表层。期许自己的体会和感悟能触动大家来共同思考我们法律人的本真。

这本书之所以能顺利出版，首先要特别感谢《中国律师》杂志社的刘志军总编，是他引荐了中国法制出版社。当然也要感谢《中国律师》杂志社的王丽、张慧、刘耀堂等编辑，还要感谢全国律协青训营第四期的同学们，是他们给了我持续不断写作的动力，没有他们的鼓励就没有本书的形成。

最后要感谢本书的编辑中国法制出版社的杨智、黄一迪，是他们使得本书有了精美的装帧和设计。另外周成律师事务所的各位同仁也提出了很好的建议，在此一并致谢。

后　记

今后我还将继续努力观影写作,力争把每一部法律佳片都用一种法律人的独有方式来进行解读,力争在不同中求相同,在相同中求不同,另辟蹊径出律师解读的特立独行回馈读者朋友的厚爱。

周　成

图书在版编目(CIP)数据

已阅：光影中的法律与正义 / 周成著 .—北京：中国法制出版社，2020.12

ISBN 978-7-5216-1393-3

Ⅰ . ①已… Ⅱ . ①周… Ⅲ . ①法律－文集 Ⅳ . ① D9-53

中国版本图书馆 CIP 数据核字（2020）第 209448 号

策划编辑：杨智（yangzhibnulaw@126.com）

责任编辑：杨智　黄一迪　　　　　　　　　封面设计：汪要军

已阅：光影中的法律与正义
YIYUE: GUANGYING ZHONG DE FALÜ YU ZHENGYI

著者 / 周成
经销 / 新华书店
印刷 / 三河市紫恒印装有限公司
开本 / 880 毫米 × 1230 毫米　32 开　　　印张 / 8.25　字数 / 155 千
版次 / 2020 年 12 月第 1 版　　　　　　　2020 年 12 月第 1 次印刷

中国法制出版社出版
书号 ISBN 978-7-5216-1393-3　　　　　　　定价：39.80 元

北京西单横二条 2 号　邮政编码 100031　　　传真：010-66031119
网址：http://www.zgfzs.com　　　　　　　编辑部电话：010-66038703
市场营销部电话：010-66033393　　　　　　邮购部电话：010-66033288
（如有印装质量问题，请与本社印务部联系调换。电话：010-66032926）